Les Éditions du Boréal
4447, rue Saint-Denis
Montréal (Québec) H2J 2L2
www.editionsboreal.qc.ca

Compte à rebours à Times Square

La série « Les Carcajous » est la version française de la série d'origine canadienne-anglaise « The Screech Owls » mettant en vedette une équipe ontarienne de hockey pee-wee. Les noms des personnages et de l'équipe ont été modifiés pour mieux refléter la réalité francophone.

Roy MacGregor

Compte à rebours à Times Square

Traduit de l'anglais
par Marie-Josée Brière

Les Carcajous IX

Boréal

Les Éditions du Boréal remercient le Conseil des Arts du Canada
ainsi que le ministère du Patrimoine canadien et la SODEC
pour leur soutien financier.

Les Éditions du Boréal bénéficient également du Programme
de crédit d'impôt pour l'édition de livres du gouvernement du Québec.

Illustrations : Jean-Paul Eid

Dépôt légal : 1er trimestre 2005
Bibliothèque nationale du Québec

Diffusion au Canada : Dimedia
Distribution et diffusion en Europe : Les Éditions du Seuil

Données de catalogage avant publication (Canada)

MacGregor, Roy, 1948-

[Sudden Death in New York City. Français]

Compte à rebours à Times Square

(Les Carcajous ; 9)

Traduction de : Sudden Death in New York City.

Pour les jeunes de 10 ans et plus.

ISBN 2-7646-0369-X

I. Brière, Marie-Josée. II. Titre. III. Titre : Sudden Death in New York City. Français. IV. Collection : MacGregor, Roy, 1948- . Carcajous ; 9.

PS8575.G84S9314 2005 jC813'.54 C2005-940206-7
PS9575.G84S9314 2005

Chapitre 1

— Tes ongles ! suggéra Aimé-Césaire.

— Pas question ! répliqua Sim. Je les ronge !

— De toute façon, ça prendrait trop de temps, marmonna Aimé-Césaire, la tête penchée sur le grand livre ouvert sur ses genoux. Le record du monde pour l'ongle le plus long — Aimé-Césaire leva de grands yeux étonnés — est de plus d'un mètre !

— On peut se demander comment le gars faisait pour se gratter le nez, commenta Sim.

Les Carcajous éclatèrent de rire. Stéphane Tremblay se contenta de secouer la tête. Jean-Yves Simard avait toujours été à la fois la personne qu'il connaissait le mieux et celle qu'il comprenait le moins.

Ils étaient allés à la maternelle ensemble, ils avaient pris des cours de karaté ensemble, ils avaient joué dans les mêmes équipes de soccer, de baseball et — bien sûr — de hockey. Ils avaient toujours été dans la même classe, chaque année, sauf une. Et, les fins de semaine, quand Stéphane ne restait pas dormir chez

Sim, c'est parce que Sim couchait chez Stéphane. Pourtant, malgré toutes ces années, malgré toutes ces occasions de voir à l'œuvre le cerveau de son ami, Stéphane n'avait jamais aucune idée de ce qui allait sortir de la bouche de Sim. Tout ce qu'il savait, c'est que ce serait complètement farfelu… et qu'il fallait que quelqu'un rie, sans quoi Sim trouverait quelque chose d'encore plus extravagant.

Il commençait à faire chaud dans le vestiaire de l'aréna de Chicoutimi. Les Carcajous étaient prêts pour leur entraînement, mais l'équipe junior qui les précédait avait joué en prolongation, et les gros joueurs avaient tellement abîmé la glace que M. Blackburn avait supplié le personnel de l'aréna d'inonder la patinoire deux fois. La Zamboni commençait tout juste son deuxième tour.

Aimé-Césaire avait sorti son *Livre des records Guinness* pendant qu'ils patientaient. Même s'il ne restait plus que quelques jours avant leur départ pour New York, où ils devaient participer au tournoi pee-wee international de la « Grosse Pomme », ils pensaient tous à Sim et à sa résolution de la nouvelle année plutôt qu'à l'entraînement qui les attendait.

« Mais comment fait-il ? » se demandait Stéphane. « Comment réussit-il à attirer tout le monde dans son petit univers tordu ? Comment ce garçon de douze ans, grassouillet et plutôt maladroit, arrive-t-il invariablement à retenir l'attention générale ? »

Ils devaient quitter Chicoutimi en autobus le 27 décembre, deux jours après Noël. Comme ils seraient à New York la veille du jour de l'An, leur entraîneur, Max Bouchard, et le gérant de l'équipe, M. Blackburn, leur avaient promis qu'ils pourraient rester éveillés jusqu'à minuit et assister aux célébrations à Times Square — à condition d'être bien sages !

Stéphane ne savait pas exactement où Sim avait pêché l'idée de faire inscrire son nom dans le livre des records. Sûrement pas dans ses lectures, en tout cas. En dehors de la télévision, d'Internet, du plus récent jeu vidéo ou du dernier film, Sim ne s'intéressait vraiment pas à grand-chose.

Personne ne savait trop comment ni pourquoi, il s'était mis dans la tête d'établir un nouveau record mondial. Il avait failli rendre ses coéquipiers complètement dingues.

Il avait commencé par annoncer qu'il allait marquer plus de buts que tout autre joueur dans l'histoire du hockey mineur — jusqu'à ce que Michel Godin, qui savait tout sur le hockey, tue dans l'œuf cette ambition.

— Wayne Gretzky en a marqué trois cent soixante-dix-huit en une année, quand il était novice, avait-il souligné.

— Mais je suis pee-wee ! avait protesté Sim.

— Il a marqué cent quatre-vingt-seize buts l'année de ses douze ans, l'âge que t'as maintenant, avait répondu Michel en secouant la tête. Je serais étonné que t'en marques cent soixante-dix d'ici la fin de la saison — même en comptant les séances d'entraînement.

Le tournoi de New York devait avoir lieu dans moins d'une semaine, et presque toute l'équipe cherchait des suggestions pour Sim. Aimé-Césaire en avait trouvé au moins une douzaine dans son livre des records, y compris l'idée ridicule selon laquelle Sim, bien connu pour son habitude de se ronger les ongles, pourrait les laisser pousser jusqu'à ce qu'ils soient les plus longs au monde.

— Y a un gars, au Kentucky, qui a mangé soixante-huit vers de terre en trente secondes, annonça Aimé-Césaire.

— Et qui a vomi pendant trois heures ! ajouta Sim en riant.

— Qu'est-ce que tu dirais des punitions stupides ? cria Anou de l'autre bout de la pièce. T'en prends tout plein, ça c'est sûr !

Sim s'immobilisa une seconde, juste le temps de tirer la langue à Anou, puis se tourna vers Kling.

— C'est quoi le record de la Ligue nationale ?

Kling avait ouvert son guide officiel des statistiques et des records de la LNH. Il avait posé l'épais volume sur ses genoux, la couverture appuyée sur le bras de son fauteuil roulant, et en feuilletait les pages d'une main.

— Dave Williams, annonça-t-il. Autrement dit, « Tiger » Williams. Trois mille neuf cent soixante-six minutes… Attends un peu, laisse-moi voir… Ça fait juste un peu plus de soixante-six heures passées sur le banc des punitions… Trois jours, à six heures près.

Sim grinça des dents.

— Et en une seule saison ?

Kling poursuivit sa lecture.

— Dave Schultz, le matamore des Flyers. Lui, c'est quatre cent soixante-douze minutes… Un peu moins de huit heures.

— Max te tuerait, lança Roseline, la dernière recrue de l'équipe, assise à côté d'Anou.

Sim se renfrogna sur son siège en grommelant.

— Faut que je trouve quelque chose ! Je demande pourtant pas la lune…

Tous ses coéquipiers, habitués à ses excentricités, se désintéressèrent bientôt de la conversation et se mirent à parler d'autre chose. Lars Johansson ne serait pas avec eux à New York puisqu'il passait les vacances en Suède, chez ses grands-parents. Mario Terziano, qui avait participé à plusieurs tournois avec les Carcajous, était venu le remplacer. Tous les autres seraient toutefois du voyage. Paul Sheshamush espérait que M. Blackburn ferait, pendant le trajet en autobus vers New York, un de ses fameux « arrêts-bébelles » pour lesquels il leur distribuait quelques dollars à chacun, en insistant pour qu'ils achètent « quelque chose de complètement inutile ». Claude Blackburn fit une blague à ce sujet-là, et Dimitri Yakushev demanda s'ils allaient voir la statue de la Liberté.

— C'est la soirée à Times Square qui va être le clou du voyage, dit Anne-Marie Loiselle, le gardien de but de réserve. Il pourrait y avoir un million de personnes là-bas.

— Et plus d'un milliard qui vont regarder le spectacle à la télé, renchérit Aimé-Césaire.

— Ils vont faire le compte à rebours sur l'écran géant, précisa Claude. Je pense que c'est le plus grand au monde.

Sim tendit l'oreille. Il se redressa brusquement sur son siège, le visage rouge d'excitation.

— La lune, c'est ça !... T'as dit qu'il y aurait combien de spectateurs ? demanda-t-il à Aimé-Césaire.

— Un milliard, je pense.

— Ça va être télévisé ?

— Oui, dans tous les pays. T'as sûrement déjà vu ça, comme tout le monde ?

— En direct ? demanda Sim d'un air gourmand.

— Évidemment, en direct, idiot ! lança Roseline, en train d'attacher ses patins. C'est le compte à rebours de la nouvelle année. Tu t'imagines qu'ils vont enregistrer ça et le diffuser le lendemain ?

Tout le monde rit, sauf Sim.

— En direct ? Devant un milliard de spectateurs ?

— Oui, fit Anou. Et alors ?

— Alors, annonça triomphalement Sim en se tournant vers Aimé-Césaire, est-ce qu'il y a quelque chose dans ton livre des records au sujet des gens qui montrent leur lune ?

— Qui montrent quoi ? demanda Aimé-Césaire en fronçant les sourcils.

— Qui montrent leur lune, leur derrière. Vous n'avez jamais entendu cette expression-là ? C'est ma grand-mère française qui dit ça. C'est quoi le record, pour ça ? Si je montrais mes fesses à un milliard de personnes en même temps, est-ce que j'aurais mon nom dans le livre ?

Stéphane vit Anou, à l'autre bout de la pièce, lever les yeux au ciel en soupirant.

Il essaya de faire taire son imagination, mais c'était trop tard. Il voyait déjà la foule à Times Square. Il apercevait le grand écran et entendait le compte à rebours : « Dix !… Neuf !… Huit !… Sept !… Six !… Cinq !… Quatre !… Trois !… Deux !… Un !… » Et puis, au lieu de feux d'artifice et de ballons, le grand écran se remplissait de la lune toute blanche du joueur de hockey pee-wee le plus cinglé du monde. Stéphane secoua la tête longuement, dans l'espoir de se débarrasser de cette pensée comme un chien mouillé qui s'ébroue.

— Est-ce que j'aurais mon nom dans le livre ? répéta Sim.

— Ben, je suppose, avança Aimé-Césaire. Mais t'aurais aussi des tas d'ennuis, non ?

— Pourquoi ? répondit Sim en riant, comme si Aimé-Césaire lui avait posé la question la plus stupide qui soit. Ce n'est pas mon visage qui serait sur l'écran !

CHAPITRE 2

Ils firent le trajet vers New York sous une fine neige mouillée qui rendait la chaussée noire et miroitante. M. Blackburn, au volant du vieil autobus de l'équipe, était resté le plus longtemps possible sur l'autoroute et ne s'était arrêté que pour permettre aux Carcajous d'aller aux toilettes et de prendre une bouchée. La musique de la radio, à faible volume, était couverte par le bruit rythmé des essuie-glaces, et bientôt presque tous les passagers s'étaient endormis. Max s'était assoupi sur le siège situé à côté de la porte, un gros livre glissant de ses genoux à mesure qu'il sombrait plus profondément dans le sommeil. Roseline et Anou sommeillaient, leurs têtes appuyées l'une contre l'autre. Aimé-Césaire et Kling avaient joué sur le nouvel ordinateur portatif de Kling jusqu'à ce que la pile s'épuise, puis ils s'étaient endormis à leur tour. Sur toute la longueur de l'autobus, l'allée était encombrée de jambes, les fenêtres étaient obstruées par des oreillers, et les têtes étaient enfouies sous des blousons.

Stéphane se leva pour se dérouiller les jambes. Il jeta un coup d'œil vers l'arrière de l'autobus, où la majeure partie de l'équipement des Carcajous était empilé sur les banquettes vides. Une petite vitre s'encadrait dans la porte qui servait de sortie d'urgence, et il décida de s'y rendre pour observer la circulation quelques instants.

Malheureusement, il y avait déjà quelqu'un.

Sim ! Dos à la fenêtre, presque plié en deux, la ceinture détachée et le pantalon en petit tas autour des chevilles…

— Mais qu'est-ce que tu fais là ? siffla Stéphane.

Sim leva la tête et lui fit un clin d'œil, comme si la réponse était évidente.

— Je m'entraîne.

— Tu t'entraînes ? demanda Stéphane, incrédule.

— On s'entraîne à jouer au hockey, non ? répliqua Sim en remontant son pantalon. Pourquoi est-ce que je ne m'entraînerais pas à montrer ma lune ?

Sim s'éloigna de la fenêtre mouillée de neige en bouclant sa ceinture. Stéphane s'attendait presque à voir une file de voitures de police à leur poursuite, gyrophares allumés et sirènes hurlantes. Mais il n'y avait qu'un poids lourd à une trentaine de mètres derrière, les essuie-glaces battant furieusement le parebrise pour le dégager des éclaboussures que faisait gicler l'autobus. Le chauffeur aux cheveux gris fixait la route, comme hypnotisé. Il n'avait rien vu.

Mais Stéphane, lui, en avait bien assez vu : son

meilleur ami — le petit-fils adoré de Mme Dubourdel-Simard, qui n'avait jamais tout à fait perdu son accent parisien, un si bon garçon qui allait régulièrement à l'église et faisait partie d'une troupe scoute — en train de s'entraîner à montrer sa lune au monde entier…

* * *

Stéphane eut un choc en arrivant à New York. Le bruit, quand ils quittèrent l'autoroute pour entrer dans Manhattan, était assourdissant. La ville entière bourdonnait d'activité. On avait l'impression d'une panique généralisée, comme s'il risquait d'y avoir au prochain tournant un immeuble en feu, un volcan en éruption ou une invasion d'extraterrestres. Les rues étaient pleines de taxis jaunes, tout le monde klaxonnait, les piétons traversaient les rues en courant comme s'ils avaient bien plus de chances de se faire tirer dessus que de se faire passer sur le corps. Il y avait aussi des policiers partout, tantôt riant, tantôt criant en tentant de régler une circulation anarchique. Des vendeurs à tous les coins de rue — noix grillées, bagels, fruits frais, journaux, hot-dogs, vidéos, livres… Et des gens, des gens, partout. Stéphane n'avait jamais vu tant de monde.

Sim fut le premier à se rendre compte que New York elle-même était un arrêt-bébelles en mouvement perpétuel. L'équipe venait tout juste de s'installer dans le petit hôtel où M. Blackburn avait fait des réservations, à l'angle de l'avenue Lexington et de la 52e Rue Est, à une dizaine de coins de rue de Times Square, quand il revint avec la première de ses découvertes new-yorkaises : une paire de lunettes fumées flambant neuves.

— C'est des Oakley, annonça-t-il en nommant une des marques les plus coûteuses de lunettes-bandeaux. Cinq dollars !

— Pas possible ! déclara Roseline. Des Oakley, on n'en trouve pas à moins de cent dollars.

— Moi, j'en ai trouvé, pérora Sim. Et qu'est-ce que vous dites de ma montre ?

Il tendit le bras gauche en remontant d'un geste théâtral la manche de son blouson des Carcajous. Une grosse montre toute neuve, dont l'épais bracelet doré flamboyait sous les lumières du hall d'accueil, lui encerclait le poignet.

Simon-Pierre Audette saisit le bras de Sim pour l'examiner de plus près, comme l'aurait fait un bijoutier.

— C'est une Rolex ? demanda-t-il, l'air ébahi.

— Bien sûr, répondit Sim. Dix dollars !

— Mais ça coûte de deux à trois mille dollars ! s'exclama Jean-Louis.

— Où as-tu trouvé ça ? demanda Normand.

— C'est un gars au coin de la rue qui les vend, répondit Sim. Il en a une pleine valise.

— Montre-moi, dit Normand. Je veux une paire de lunettes fumées moi aussi.

— Moi aussi, lança Paul.

— Moi, je veux une Rolex, renchérit Simon-Pierre.

Ils s'élancèrent à la suite de Sim, lunettes de soleil perchées sur le sommet du crâne et Rolex bien en vue comme s'il attendait les baisemains.

— C'est des objets volés, fit remarquer Kling. Ils vont se faire attraper.

— C'est pas des vrais, répliqua Anou. C'est des faux, des copies. Ils ont l'air très chers, mais vous allez voir : le logo des lunettes va s'effacer dès demain, et les montres vont être déjà brisées quand viendra le temps de partir.

— Comment le sais-tu ? demanda Aimé-Césaire.

— Mon père vient très souvent à New York. Il a déjà rapporté une fausse Rolex à ma mère, et les aiguilles sont tombées quand elle se l'est mise au poignet. Il voulait lui faire une blague… mais elle ne l'a pas trouvée très drôle !

— C'est pas illégal, de toute manière ? demanda Aimé-Césaire.

— Bien sûr. C'est illégal d'en vendre, mais pas d'en acheter. Mon père dit que tout le monde en achète, soit en souvenir, soit pour jouer un tour à quelqu'un en rentrant à la maison.

Stéphane se laissa gagner par la curiosité. Il avait résisté à l'envie de suivre les autres, mais il craignait maintenant que ses coéquipiers aient des problèmes ou qu'ils se perdent.

Stéphane était de nature inquiète. Il attribuait cela au fait qu'il avait toujours été l'ami de Sim, qui lui donnait généralement de bonnes raisons de s'inquiéter. Mais depuis qu'il était capitaine de l'équipe, il s'en faisait encore plus. Il voulait que tout le monde s'entende et que tout se passe bien. Il lui arrivait de penser que, s'il cessait un jour de s'inquiéter, il commencerait à se demander pourquoi il ne s'inquiétait plus... et ça l'inquiéterait !

Stéphane sortit discrètement par la porte tournante de l'hôtel. Sim avait dit qu'il était allé d'abord dans une petite boutique de l'avenue Lexington et qu'il avait acheté la montre et les lunettes juste au coin de la rue. Stéphane se hâta dans cette direction.

Il ne vit personne, mais il entendit nettement la voix claironnante de Sim quelque part devant lui. Sim se vantait et se pavanait devant ses amis. Il leur expliquait qu'il pourrait revendre des lunettes Oakley et des montres Rolex beaucoup plus cher à Chicoutimi.

— Je pourrais prendre ma retraite à treize ans ! cria-t-il.

Stéphane tourna le coin. Ses coéquipiers étaient agglutinés dans une ruelle étroite, entre une boutique de nettoyage à sec et un magasin de cadeaux. Simon-Pierre tenait une rutilante montre neuve, qu'il faisait rouler dans la paume de sa main, et Normand essayait une paire de lunettes.

Ils avaient fait leur choix dans une valise brune au fond de laquelle les montres brillaient comme un trésor enfoui. La valise était ouverte sur l'avant-bras d'un homme très grand, barbu. Il avait un long manteau sombre qui lui arrivait presque aux chevilles, des chaussures Nike qui semblaient n'avoir jamais été essayées, et encore moins portées, et un étrange chapeau multicolore enfoncé sur les oreilles. Debout dans la pénombre de la ruelle, il était difficile à distinguer. On ne voyait que son manteau, ses chaussures, son chapeau et sa barbe, comme si ses vêtements étaient vides. On aurait dit un mannequin habilement déguisé en individu louche.

L'homme jeta un coup d'œil à Stéphane de sous le rebord de son drôle de chapeau, et Stéphane eut un frisson en sentant ce regard glacé se poser sur lui. L'homme se tourna ensuite vers Sim, qui lui fit un signe de tête comme pour lui dire qu'il pouvait faire confiance au nouveau venu.

Normand fouillait dans son portefeuille. L'homme tendit la main pour prendre son argent.

Puis, brusquement, sans avertissement, il rendit l'argent à Normand, lui arracha la montre des mains et referma sa valise d'un coup sec.

Les garçons reculèrent en sursautant.

L'homme fit demi-tour et se sauva en courant dans la ruelle.

— Je vous retrouverai plus tard ! lança-t-il pardessus son épaule.

— O.K., Big ! lui cria Sim.

« Big ? Mais où est-ce que Sim a bien pu pêcher

ça ? » se demanda Stéphane. Il appelait déjà l'homme par son prénom ?

— Qu'est-ce qui lui prend ? demanda Normand, en regardant sa main vide, dans laquelle brillait la fausse Rolex quelques instants plus tôt.

Sans dire un mot, Sim se contenta de hocher la tête vers le bout de la ruelle, qui débouchait sur l'avenue Lexington.

Une voiture bleue de la police de New York était arrêtée dans la rue, et un policier bâti comme une armoire à glace regardait derrière eux en direction de l'endroit où Big avait disparu.

Sim fit mine de nettoyer ses lunettes sur sa chemise. Il avait l'air parfaitement à l'aise, comme s'il avait toujours vécu à New York et y avait brassé des affaires toute sa vie.

— Big n'aime pas les flics, dit-il en replaçant les lunettes sur son nez.

Il se dirigea vers Lexington d'un pas nonchalant. On aurait dit un personnage d'un film de gangsters.

C'est plutôt les flics qui n'aiment pas Big, se dit Stéphane.

Il n'aimait pas Big non plus. En fait, il n'aimait pas du tout ce qui venait de se passer.

Chapitre 3

Il n'y avait pas de match ni de séance d'entraînement au programme pour leur première journée à New York. M. Blackburn leur avait préparé une passionnante tournée d'introduction à la « Grosse Pomme ». Ils visitèrent la ville à bord d'un autobus à deux étages, s'arrêtèrent à l'Empire State Building et prirent ensuite le bateau vers la statue de la Liberté.

— C'est quoi, cette manie des hauteurs? demanda Sim au guide qui leur faisait visiter la statue. Tu veux que je dégueule, mec, ou quoi ?

Stéphane n'en croyait pas ses oreilles. Depuis sa rencontre dans la ruelle avec le mystérieux Big, Sim s'exprimait comme s'il avait été — à douze ans — le chef de la maffia new-yorkaise.

En traversant Central Park, ils aperçurent la patinoire extérieure. Max leur annonça qu'ils allaient peut-être s'y entraîner. Il semblait tout excité à la pensée de patiner en plein air. Stéphane aimait bien l'idée lui aussi. D'après ce qu'il pouvait voir depuis la vitre de l'autobus, aucun des patineurs qui se trouvaient là n'était très habile. Les Carcajous auraient l'air d'une équipe de la LNH sur cette petite patinoire extérieure.

Ils traversèrent ensuite le district des théâtres où, tout près de Times Square, M. Blackburn leur montra un vieil édifice appelé « Ed Sullivan Theatre ». Il leur expliqua que l'émission de fin de soirée animée par le célèbre David Letterman y était enregistrée chaque jour. Certains des Carcajous avaient déjà vu l'émission, et ils se ruèrent vers les fenêtres dans l'espoir d'apercevoir M. Letterman. Mais ils ne virent que des gens qui marchaient d'un bon pas, le parapluie ouvert pour se protéger de la neige. Stéphane leur trouva l'air idiot. À Chicoutimi, personne ne se servait jamais de son parapluie pour autre chose que la pluie.

— Je vais y aller à c't'émission, annonça Sim le New-Yorkais à l'arrière de l'autobus.

Ses coéquipiers se retournèrent pour lui lancer un regard interrogateur.

Aimé-Césaire posa la question que tout le monde attendait :

— Comment ça ?

— Je vais être célèbre, le lendemain du jour de l'An.

— Tu ne vas pas être célèbre, dit Roseline. Tu vas être en prison.

— On est aux États-Unis, ici, pas au Canada, répondit Sim comme s'il expliquait une leçon particulièrement difficile à un enfant. En Amérique, quand t'as ton nom dans le *Livre des records Guinness*, tu deviens instantanément une vedette.

— C'est tes fesses qui vont être en vedette, pas toi ! lança Anou en riant.

— Tu peux rire. Mais rira bien qui rira le dernier, répliqua Sim, hautain. J'ai même dressé ma liste du « Top Ten » pour mon passage à l'émission.

— C'est quoi, cette liste ? demanda Aimé-Césaire.

Aimé-Césaire posait toujours des questions, même quand tous les autres savaient qu'il valait mieux ne pas se laisser embarquer dans les projets farfelus de leur ami Sim.

— Les dix raisons pour lesquelles Jean-Yves Simard devrait être capitaine des Carcajous, annonça Sim.

Anou leva les yeux au ciel. Comme tout le monde, elle savait bien que personne n'avait jamais envisagé que Sim puisse devenir capitaine de l'équipe. Personne sauf Sim, bien sûr.

Sim nageait en pleine euphorie, le visage de plus en plus rouge à mesure qu'il poursuivait son décompte.

— Numéro dix, commença-t-il, parce qu'il a gagné plus de médailles du joueur le plus utile que tous les autres membres des Carcajous.

Stéphane essaya de se rappeler si c'était vrai. Mais c'était sûrement Anou.

Roseline leva les mains en cornet autour de sa bouche et fit « hou ! ».

Tout le monde rit.

— Numéro neuf, poursuivit Sim, parce qu'il a le meilleur tir.

— Hou ! firent en même temps plusieurs Carcajous.

— Numéro huit, parce que c'est le chouchou de Max.

— Hooou ! firent les Carcajous de plus en plus nombreux.

— Numéro sept, parce que c'est le préféré des partisans.

— Hooou !

— Numéro six, parce que c'est le seul des Carcajous qui va se rendre jusqu'à la Ligue nationale.

— Hoooou !

— Numéro cinq, parce que c'est le plus beau des Carcajous.

— Hoooooou !

— Numéro quatre, parce que c'est le petit-cousin de Mario Tremblay.

— Hooooooooou !

— Numéro trois, parce que son équipement sent moins mauvais que celui des autres.

— Hoooooooooou !

— Numéro deux, parce que, s'il n'est pas nommé capitaine, il va vomir !

— Hooooooooooooou !

— Et numéro un, annonça Sim, les yeux fermés sur une idée qui semblait particulièrement réjouissante, parce que c'est le seul joueur de hockey pee-wee du monde entier qui va avoir son nom dans le *Guinness*!

— HOOOOOOOOOOOOOOOOOOOOOOU !

Stéphane dut se boucher les oreilles. Les Carcajous criaient et riaient tous en même temps. Sim était cramoisi, comme d'habitude quand il était le centre d'attraction… c'est-à-dire presque toujours.

Le voyage s'annonçait déjà exceptionnel.

Chapitre 4

Il avait neigé toute la nuit. Stéphane fut réveillé par la télé, qui jouait à tue-tête tandis que Sim et Aimé-Césaire se disputaient pour savoir s'ils allaient regarder des reprises des *Simpsons* (le choix de Sim) ou les nouvelles de New York (celui d'Aimé-Césaire). Aimé-Césaire trouvait les bouchons de circulation hilarants : les reporters et les présentateurs parlaient tous de la tempête de neige d'une voix tellement inquiète qu'on aurait cru la ville envahie par un redoutable ennemi.

À Chicoutimi, les chasse-neige auraient été à l'œuvre toute la nuit. Les rues auraient été dégagées, bien salées et ensablées. À Chicoutimi, tous les conducteurs étaient aussi à l'aise dans la neige, en plein hiver, que sur l'asphalte sec de l'été. Une grosse tempête de neige, ce n'était rien.

Mais ici, les véhicules de déneigement ne suffisaient pas à la tâche. Certains étaient tombés en panne ou sortis de la route. Les autres s'acharnaient tant bien que mal à dégager les voies de circulation pour le million de véhicules qui cherchaient à entrer en ville. Il y avait des écoles fermées, et beaucoup d'autocars et de trains ne circulaient pas. La ville était pratiquement coupée du reste du monde. La neige tombait toujours, et les reporters disaient que les autorités municipales étaient très préoccupées puisqu'il restait seulement deux jours avant la veille du jour de l'An et les célébrations traditionnelles à Times Square.

Max et M. Blackburn convoquèrent tous les Carcajous dans le hall de l'hôtel en début de matinée. Les joueurs buvaient du jus d'orange en grignotant des beignes pendant que M. Blackburn faisait des appels sur son cellulaire et consultait Max à intervalles réguliers.

— Notre entraînement a été annulé, annonça finalement Max.

— Les employés d'entretien des patinoires sont incapables de se rendre au travail, dit M. Blackburn en secouant la tête. Et l'autobus qui était censé nous emmener ne passera pas.

Les Carcajous poussèrent un soupir collectif — mais plusieurs d'entre eux, Sim en tête, n'étaient déçus qu'en apparence. Pour Sim, manquer un entraînement était à peu près aussi réjouissant que d'annuler un rendez-vous chez le dentiste.

— Quel dommmaaage! lança-t-il en essuyant des larmes imaginaires.

— La bonne nouvelle, c'est qu'on a autre chose

de prévu, annonça M. Blackburn. On va s'entraîner à Central Park, sur la patinoire extérieure.

— Youppppi ! ! ! s'écria Anou.

— Hourra ! renchérit Roseline, le poing en l'air.

C'était une excellente nouvelle. Les Carcajous adoraient patiner à l'extérieur. Depuis le jour où toute la ville de Chicoutimi avait été couverte de verglas et où Max Bouchard s'était joint à son équipe pour un match amical dans un champ, les Carcajous l'avaient imploré de les faire jouer plus souvent sur de la glace naturelle, beaucoup plus dure que celle des arénas. Ils avaient adoré l'expérience. Ils avaient apprécié aussi que Max les laisse essayer les manœuvres les plus farfelues qui leur passaient par la tête. Et, surtout, ils s'étaient réjouis du plaisir qu'ils avaient pu lire sur le visage de Max quand il était venu les rejoindre pour jouer, patte folle ou pas.

— Allez chercher votre équipement. Je veux vous revoir ici dans cinq minutes, ordonna Max.

L'entraîneur n'aurait sûrement jamais voulu l'avouer, mais Stéphane était certain qu'il avait vu ce bon vieux Max esquisser un sourire.

* * *

Ils se rendirent à Central Park à pied, à la queue leu leu sur les trottoirs enneigés, arborant leur blouson des Carcajous, traînant leur sac d'équipement et portant leurs bâtons sur leurs épaules, enfonçant dans la neige qui tombait toujours avec constance sur l'avenue Lexington. Ils tournèrent à gauche dans la 59e Rue, soudain abrités des rafales de neige par les immeubles du côté nord, et ils se dirigèrent vers la percée qui annonçait au loin le début de Central Park.

Ils n'étaient pas seuls. Quand ils arrivèrent au parc, il y avait déjà une autre équipe près de la patinoire. Les joueurs l'avaient en partie dégagée, mais la neige continuait à s'y accumuler rapidement. Ils avaient de beaux blousons tout neufs — le nom des « Burlington Bears » cousu dans le dos — et étaient entourés d'une bonne demi-douzaine d'entraîneurs. L'entraîneur-chef, dont le titre s'étalait en grosses lettres sur son blouson, tenait un classeur et une planchette à pince, et s'affairait à installer des cônes de plastique d'un côté de la patinoire.

Il siffla pour attirer l'attention de son équipe. Les joueurs se rassemblèrent dans le coin qui leur offrait la meilleure protection contre la neige. En passant près d'eux, Stéphane vit l'entraîneur-chef gribouiller sur sa planchette à pince pour expliquer un exercice compliqué. L'encre faisait des taches sous la neige fondante.

Stéphane sourit intérieurement, mais il était désolé pour les gars de l'autre équipe. Il pouvait voir leurs visages derrière les grilles et les visières, et ils n'avaient pas l'air particulièrement contents. Leur entraîneur faisait plutôt penser à un adjudant-chef !

Max et M. Blackburn demandèrent aux Carcajous de se changer discrètement. Il y avait un endroit protégé où ils purent laisser leurs bottes et leurs blousons. La plupart des Carcajous enfilèrent leur équipement par-dessus leur survêtement pour avoir plus chaud, et certains réussirent même à glisser leurs gants d'hiver dans leurs gants de hockey.

Mais pas Sim. Il repoussa la neige avec ses pieds, se dégagea un siège et laissa tomber lourdement son sac d'équipement à ses pieds, exactement comme il l'aurait fait n'importe où, à l'aréna de Chicoutimi comme dans le plus chic vestiaire de la Ligue nationale de hockey.

— Qu'est-ce que c'est que cette odeur ? demanda Anou.

— Tu t'en doutes pas un peu ? commenta Roseline. C'est l'équipement de M. Rolex.

— Tu devrais l'éparpiller tout autour, conseilla Simon-Pierre. Ça pourrait faire fondre la neige !

— Très drôle ! fit Sim en enlevant précautionneusement sa fausse Rolex, qu'il déposa délicatement sur son siège.

— Elle fonctionne toujours ? demanda Normand.

— Bien sûr qu'elle fonctionne, répliqua Sim sans même vérifier. Les Rolex sont garanties à vie.

— Je suppose que c'est M. Big qui t'a garanti la tienne, glissa Anou.

— Justement, oui.

— Alors, quelle heure est-il ? demanda Roseline.

Sim, qui ne voulait surtout pas être pris en défaut, regarda l'heure à sa montre.

— Dis-le-moi, toi, répondit-il.

Roseline regarda ostensiblement sa montre.

— Dix heures quinze.

Le visage de Sim vira au rouge brique. Il regarda à nouveau sa fausse Rolex, lança un regard féroce à Roseline et tira brusquement sur le bras d'Aimé-Césaire — au risque de lui disloquer l'épaule — pour voir la montre qu'il portait au poignet.

— Tu ne m'auras pas ! grogna Sim. Neuf heures quarante-six, exactement comme sur la mienne.

Mais personne n'écoutait. Les Carcajous riaient tous de l'astuce avec laquelle Roseline avait fait croire à Sim que sa magnifique Rolex toute neuve faisait déjà défaut. Sim finit de s'habiller en silence, lançant périodiquement des œillades assassines à sa coéquipière.

Les joueurs de l'autre équipe faisaient toujours des exercices sur la patinoire quand les Carcajous les rejoignirent.

L'entraîneur-chef leva les yeux, haussa les épaules comme s'il était déçu et siffla très fort. Tous les joueurs des Bears s'arrêtèrent instantanément. L'entraîneur se dirigea vers Max.

Ils offraient un contraste saisissant : l'entraîneur des Bears, le titre inscrit en grosses lettres sur son blouson neuf, vêtu du survêtement de son équipe, coiffé de la casquette de son équipe, le gros sifflet rutilant autour du cou, la planchette à pince sous le bras ; et Max dans son vieux survêtement élimé, le vieux blouson tout pâli de son équipe junior, ses vieux gants de hockey et son bâton. Pas de planchette à pince. Même pas de sifflet.

— Vous êtes Max Bouchard, du Canada ? demanda l'entraîneur-chef.

Max fit oui de la tête.

— Entraîneur-chef Rod Peters, de Burlington, Vermont. Si j'ai bien compris, nous partageons la patinoire aujourd'hui.

— C'est ce qu'on m'a dit, fit Max.

— J'ai déjà fait faire quelques exercices faciles à mon groupe. Vous pouvez vous joindre à nous, à moins que vous préfériez mélanger les équipes. Avez-vous des exercices à proposer ?

— J'en ai un excellent, en effet, fit Max.

L'entraîneur semblait chercher un classeur sous le bras de Max. Mais il n'y en avait pas.

— Vous voulez emprunter quelques-uns de nos cônes ? offrit-il.

Max secoua la tête.

— J'ai ici des exercices de la fédération américaine. Vous voulez en essayer un ou deux ? proposa l'entraîneur en poussant sa planchette à pince sous le nez de Max.

Max secoua la tête à nouveau.

— Vous avez tout ce qu'il vous faut, alors ? demanda l'autre entraîneur.

Max lui montra sa rondelle.

— Absolument tout, répondit-il.

— Eh bien, fit l'entraîneur-chef avec impatience, en quoi consiste l'exercice, alors ?

Max lui sourit.

— Vous allez vous asseoir là-bas. On envoie cinq joueurs à la fois. Six, en comptant les gardiens. Pas de sifflet. Une heure de bon vieux hockey improvisé.

L'entraîneur-chef regarda Max comme s'il revenait d'un voyage dans le temps.

— Improvisé ? articula-t-il. — On aurait dit qu'il venait de dire un gros mot. — Vous voulez que ces jeunes-là jouent au hockey sans suivre de règles ?

— Pas seulement eux, répondit Max. J'ai bien l'intention de jouer aussi. Et vous êtes le bienvenu si vous voulez vous joindre à nous.

— OUIIII ! s'écria Anou.

— Bravo, Max ! lança Roseline en frappant la glace de son bâton.

L'entraîneur-chef n'en croyait pas ses oreilles. Il n'en revenait pas non plus de la réaction des Carcajous. Et il était en train de perdre complètement le contrôle sur ses joueurs, qui se mirent à crier et à taper sur la glace avec leur bâton tout comme les Carcajous. Dégoûté, il s'éloigna en invitant ses nombreux assistants à le suivre.

Max fit la première mise au jeu, et ce fut tout. À partir de là, il n'y eut plus de coups de sifflet, plus de mises au jeu, plus de conseils d'entraîneur. Max se dirigea vers le banc pour attendre son tour et, lorsque Sim revint, il prit sa place à la défense.

Stéphane était au comble du bonheur. Il adorait sentir ses patins mordre dans la glace naturelle, comme s'ils la façonnaient plutôt que de glisser sur elle. Il aimait le grattement de ses lames sur la surface dure et les éclaboussures de neige qui jaillissaient quand il s'arrêtait brusquement.

Anou était elle aussi dans son élément. C'était la meilleure patineuse des Carcajous, et de loin la meilleure sur la patinoire. Il y avait quelques promeneurs dans le parc, et même quelques skieurs. Quand ils s'arrêtaient pour regarder le match, Stéphane savait que c'était Anou qui avait attiré leur attention. Pas seulement parce que c'était une fille — les Carcajous en avaient plusieurs dans l'équipe, et les Bears, quelques-unes aussi —, mais surtout parce qu'elle se déplaçait avec une grâce exceptionnelle, qu'elle soit ou non en possession de la rondelle.

Sim, qui avait constaté presque immédiatement que les Carcajous avaient beaucoup plus de talent que les Bears, jouait les m'as-tu-vu. Il essaya de contourner les joueurs des Bears en transportant la rondelle à reculons et faillit marquer d'un revers en glissant devant leur but, et en hurlant comme un loup.

Stéphane reçut un petit coup sur le tibia.

C'était Max, le visage en sueur, les cheveux pleins de neige fondante.

— Toi, moi et Anou, dit-il. On change de côté.

Stéphane, étonné, regarda Max se diriger vers l'un des entraîneurs adjoints des Bears, qui s'était joint au match. L'entraîneur-chef, resté en retrait, secouait la tête comme si les Carcajous et leur drôle d'entraîneur étaient en train de commettre un crime. Max et l'entraîneur adjoint échangèrent leurs blousons, tandis que Stéphane et Anou troquaient leurs chandails pour ceux des deux joueurs les plus faibles des Bears.

Max frappa la glace de son bâton.

— Maintenant, on va pouvoir jouer !

Stéphane avait l'impression que le cœur allait lui sortir de la poitrine. Ce n'était pourtant pas grand-chose, un simple match improvisé sur une patinoire extérieure, mais il se sentait aussi bien que s'il avait été au Madison Square Garden. Il se rendit compte que les passants étaient de plus en plus nombreux à s'arrêter pour les regarder jouer. Avec tous ces bureaux et tous ces commerces fermés, il y avait probablement bien des gens qui n'avaient rien à faire. Ils étaient sortis marcher dans la neige et étaient tombés sur un match de hockey.

C'était merveilleux de jouer avec Max. Il ne patinait pas tellement bien à cause de sa patte folle, mais il faisait des passes dignes de la Ligue nationale, tellement solides qu'elles vous enlevaient presque le bâton des mains. Et toujours, toujours en plein sur la lame du bâton.

Les spectateurs commençaient à applaudir les manœuvres particulièrement habiles. Une équipe de télévision était arrivée, et le cameraman s'était mis immédiatement à faire des prises de vue de ce qui se passait sur la glace, puis de la petite foule qui s'était formée pour regarder ce match improvisé au beau milieu de Central Park.

Max passa la rondelle à Stéphane sur l'aile gauche. Stéphane contourna facilement un des défenseurs, de telle sorte que l'autre — Sim — était désormais le seul obstacle entre eux et le but des Carcajous. Stéphane coupa d'un côté et Anou de l'autre, et ils se croisèrent juste devant Sim. Stéphane feignit d'effectuer une passe arrière vers Anou, mais Sim les connaissait trop bien pour tomber dans le panneau.

Stéphane conserva la rondelle et jeta un coup d'œil derrière son épaule. Max arrivait avec toute la vitesse dont il était capable. Il donna un coup sec sur la glace pour demander une passe.

Stéphane lui lança la rondelle par l'arrière.

Sim avait parfaitement prévu la manœuvre et plongea pour couper la route à Max.

C'est alors que Max fit une chose époustouflante. Il projeta la rondelle dans les airs de manière à ce qu'elle passe juste au-dessus de Sim, étendu sur la glace, puis, en prenant appui sur sa bonne jambe, s'envola à son tour en passant par-dessus le défenseur qui tournoyait sur la patinoire.

Max et la rondelle atterrirent dans l'éclaircie. Stéphane entendit son entraîneur rire et crier de joie. Max fit une feinte en direction de Stéphane, puis une passe arrière à Anou, qui expédia la rondelle dans le coin supérieur du filet de Germain. Les trois membres du trio — Max, Anou et Stéphane —, incapables d'arrêter leur course, allèrent s'écraser dans le coin et tombèrent en riant dans la neige folle qui s'était accumulée le long des bandes. Leurs nouveaux coéquipiers des Bears s'empilèrent aussitôt sur eux, tapant à qui mieux mieux sur leurs jambières et l'arrière de leur culotte.

Le cameraman de la télévision était là lui aussi. Stéphane regarda derrière lui. Il n'y avait pas seulement une caméra, mais deux. Non, trois !

Anou retourna vers le centre de la patinoire. Elle passa à côté de Sim, toujours étendu sur la glace, bras et jambes écartés, en train de lécher la neige fondante tombée à travers son masque sur son visage écarlate et brûlant.

— T'as noté l'heure du but, monsieur Rolex ? demanda-t-elle.

— Très drôle, répliqua Sim, l'air dédaigneux. Mais il riait. Un des cameramen fit un gros plan sur lui. Sim s'empressa d'enlever son casque, qu'il envoya glisser plus loin sur la patinoire.

Tout le monde riait.

Même l'entraîneur-chef… Il avait finalement décidé de participer au match à son tour. Il semblait un peu embarrassé au début, mais il était évident qu'il en avait envie.

Il n'avait peut-être jamais su qu'on pouvait s'amuser autant en jouant au hockey…

CHAPITRE 5

— C'est moi ! C'est moi ! C'est moi !

Sim criait en montrant l'écran, bien inutilement d'ailleurs. Ils étaient dans leur chambre d'hôtel — Stéphane, Sim, Normand, Simon-Pierre, Paul et Claude — et l'avaient tous reconnu immédiatement. Bien sûr que c'était lui. Qui d'autre ? Sim, étendu de tout son long, le casque roulant sur la glace, la neige fondant sur son visage en sueur, rouge comme une tomate.

Le plus excitant, c'est que c'était au téléjournal du soir, sur le réseau national. Après vingt bonnes minutes d'accidents de la circulation et d'écoles fermées, l'annonceur était passé au « bon côté de la tempête ». On avait vu apparaître à l'écran des gens qui faisaient du ski de fond à Central Park, puis le sensationnel match de hockey improvisé entre les Bears de Burlington et les Carcajous venus d'une petite ville du Canada, bien loin de là.

— Chicoutimi, idiot ! cria Paul en direction de

l'écran. Chi-cou-ti-mi ! Et puis, on ne vit pas dans des iglous, on ne mange pas de neige et on n'est pas tous nés avec des patins aux pieds !

— Parle pour toi, fit Sim. Je portais encore des couches quand j'ai appris à patiner.

Normand se pinça le nez.

— Et tu n'en portes plus, maintenant ? On dirait, pourtant…

Ils étaient tous écroulés de rire quand ils entendirent frapper à la porte. Normand bondit sur ses pieds et alla regarder par l'œil magique.

— C'est Aimé-Césaire, annonça-t-il.

— Fais-le entrer, dit Claude.

— Tu m'as vu à la télé ? demanda Sim.

Aimé-Césaire secoua la tête. Il paraissait tout excité.

— On a quelque chose de beaucoup plus intéressant à voir, annonça-t-il.

— Quoi donc ? demandèrent en chœur plusieurs des garçons.

— Vous voulez parler à Lars ? demanda Aimé-Césaire.

— Il est ici ? demanda Simon-Pierre, étonné.

— Si on peut dire. Venez vite !

Aimé-Césaire partageait une chambre avec Kling. Tout y était un peu plus espacé que dans les autres chambres, pour permettre à Kling de s'y déplacer en fauteuil roulant. Même le placard était aménagé de manière qu'il puisse accrocher ses vêtements sans avoir à se lever. Mais, évidemment, aucun placard n'était aussi facile d'utilisation que celui de Sim : c'était le plancher, où s'empilaient dès le début de chaque tournoi tous les vêtements dont il aurait besoin.

Kling et Aimé-Césaire n'étaient pas restés inactifs. Aimé-Césaire avait apporté la caméra vidéo numérique de son père, qu'ils avaient branchée au nouvel ordinateur portatif de Kling, lui-même branché à la ligne téléphonique. Ils avaient réussi à trouver comment se connecter à Internet, appeler sans frais en Suède et prendre contact avec Lars, qui avait bricolé une installation du même genre chez son oncle à Stockholm.

Quand les Carcajous arrivèrent dans la chambre, Kling était en ligne avec Lars. La caméra d'Aimé-Césaire était installée de manière à capter toute la pièce, et le visage de Lars s'affichait sur l'écran de l'ordinateur. À l'arrivée de ses amis, il leur sourit et les salua de la main.

— Allô, les gars ! fit une voix désincarnée en provenance de l'ordinateur.

On aurait dit un robot, mais c'était Lars — la voix était un peu métallique, un peu hachée, mais c'était indubitablement celle de leur copain.

— Hé, Sim ! grésilla la voix. Comment ça va ? As-tu enfin montré tes fesses au monde entier ?

— J'y travaille, répondit Sim.

Il paraissait décontenancé, comme s'il soupçonnait Kling et Aimé-Césaire de lui jouer un drôle de tour.

— Salut, Stef ! poursuivit Lars en agitant la main.

Stéphane lui rendit son salut avec hésitation. Il avait l'impression que Lars était en même temps ici et ailleurs. Ses mouvements n'étaient pas aussi fluides que sur une bande vidéo. On aurait dit que l'ordinateur recevait une nouvelle image de Lars toutes les microsecondes — ce qui, se dit Stéphane après réflexion, était sans doute exactement le cas.

— Salut, Lars ! fit Stéphane. Tu joues au hockey ?

— Je participe à un tournoi, répondit Lars de sa voix de robot. Comme vous, les gars. J'ai retrouvé mon ancienne équipe. Mais j'ai du mal à me rappeler comment on joue ici ! poursuivit-il en riant.

— C'est simple, intervint Sim. Tu tires jamais, tu fais toujours des passes arrière et tu plonges dès que quelqu'un s'approche de toi.

— Merci, Don Cherry ! s'écria Lars en se moquant de son coéquipier à travers sept fuseaux horaires.

Ils continuèrent à parler quelques minutes. Kling se servait de la souris pour déplacer la caméra, s'éloignant et se rapprochant tour à tour de celui des Carcajous qui était en train de parler à Lars.

Sim participait très peu à la conversation. Il semblait trop intéressé par le fonctionnement de cet appel vidéotéléphonique. Stéphane n'avait jamais vu son ami aussi captivé par les rouages de l'informatique. Bien sûr, il adorait les jeux d'ordinateur qui lui permettaient de détruire le monde à coups de bombes et de lance-flammes. Mais il n'avait jamais cherché à savoir comment fonctionnaient les ordinateurs.

Sim revint à la vie lorsqu'ils eurent tous dit au revoir à Lars en lui promettant de reprendre contact avec lui tous les jours. Ils lui raconteraient comment ils se débrouillaient dans le tournoi de la Grosse Pomme, et Lars les tiendrait au courant des péripéties du tournoi pee-wee à Stockholm.

Mais Sim avait autre chose en tête.

— Comment ça marche ?

Kling le lui expliqua. Il lui parla des appels interurbains et de la transmission des images par Internet, et lui dit que les caméras envoyaient les images tellement vite que la réception était presque aussi bonne qu'à la télévision.

Stéphane reconnut l'expression qui s'étalait sur le visage de son ami. Il s'attendait presque à entendre fonctionner les engrenages dans le cerveau de Sim, comme un camion qui grince et gémit en cherchant à se dégager d'un banc de neige.

— Dis-moi, Kling, commença Sim, sais-tu comment ils vont s'y prendre pour diffuser le compte à rebours, la veille du jour de l'An ?

— Ça va passer en direct à la télé, répondit Kling. C'est simple. Ils vont pointer des caméras sur le gars qui va faire le compte à rebours et projeter son image sur le grand écran. Ils vont installer un studio temporaire à Times Square.

— C'est pas plus compliqué que ce que tu fais ici ? demanda Sim, en pointant le menton en direction de l'ordinateur de Kling.

— Un peu plus, mais pas tellement.

— Est-ce qu'on serait capables de parasiter une émission ?

— Je ne comprends pas, répondit Kling en se retournant dans son fauteuil pour regarder son ami bien en face.

De toute évidence, il ne voyait pas du tout où Sim voulait en venir… contrairement à Stéphane, que l'idée faisait frémir.

— Je veux dire, est-ce qu'on pourrait pirater l'émission ? Est-ce qu'on pourrait montrer nos propres images au lieu de celles qui étaient prévues ?

Kling réfléchit quelques instants.

— Je suppose que oui. Il devrait y avoir deux ou trois caméras, et un réalisateur qui décide quoi montrer. Il s'agirait de s'infiltrer dans le signal.

Sim, immobile, agitait les lèvres en silence.

Si un cerveau pouvait mâcher de la gomme, le sien aurait sûrement fait des bulles…

CHAPITRE 6

Stéphane avait compris instantanément l'idée folle qui venait de germer dans la tête de son ami. Il n'avait fallu que quelques secondes à Sim pour connecter en esprit la caméra et l'ordinateur, et pour en arriver à l'image de sa grosse lune toute ronde apparaissant devant le milliard de personnes qui regarderaient les festivités de la veille du Nouvel An.

— N'y pense même pas ! lança-t-il à Sim en guise d'avertissement.

— Trop tard, constata Sim.

C'était toujours « trop tard » avec Sim. Stéphane commençait à en avoir l'habitude…

Kling et Aimé-Césaire, malheureusement, manifestaient de l'intérêt. Ils ne brûlaient pas particulièrement du désir de voir le derrière de Sim exposé au monde entier, mais comme ils étaient mordus d'informatique, ils étaient fascinés par le fonctionnement des ordinateurs. Sim leur avait proposé un casse-tête, et ils ne pouvaient tout simplement pas résister à l'envie de le résoudre.

— C'est dangereusement simple, avait conclu Kling après avoir fait quelques recherches avec Aimé-Césaire.

— Les signaux de production sont transmis par les lignes téléphoniques. Si on pouvait établir la communication avec le studio d'une manière ou d'une autre, il suffirait de remplacer leurs signaux par les nôtres. Il faudrait des numéros et des mots de passe, mais si on les avait, on pourrait interrompre l'émission quelques instants. Mais j'ignore combien de temps.

— Assez longtemps pour ma lune ? cria Sim triomphalement.

— Tu vas te faire prendre, menaça Stéphane.

Il ne pouvait pas s'en empêcher. Il était capitaine de l'équipe, après tout. Il était responsable.

Sim lui lança un regard méprisant, comme si Stéphane venait de lui laisser entendre qu'il pourrait avoir des problèmes en bavardant en classe — ce qui se produisait à peu près tous les jours dans le cas de Sim.

— Si le monde était rempli de gens comme toi, répliqua Sim d'un ton cinglant, il n'y aurait pas de *Livre des records Guinness.*

Stéphane se tut, mais il ne pouvait s'empêcher de penser que, si le monde était plein de gens comme Sim, il n'y aurait tout simplement plus de monde !

* * *

La neige tombait toujours. L'un des météorologues de la télé avait parlé de la « tempête du siècle », et les Carcajous avaient bien ri. Si c'était ça, la pire chute de neige que les New-Yorkais aient jamais vue, ils feraient bien d'aller passer une semaine à Chicoutimi en janvier. Là-bas, toutes les tempêtes étaient des « tempêtes du siècle », selon les critères de New York !

C'était quand même une bonne bordée. Les rues étaient toutes blanches. Les chasse-neige ne suffisaient pas à la tâche et, même quand ils réussissaient à parcourir une des rues encombrées, on aurait dit qu'ils procédaient à l'envers puisqu'ils poussaient les tas de neige vers le centre plutôt que vers les côtés. Il y avait des tracteurs à pelle frontale pour remplir des camions, mais ceux-ci s'enlisaient constamment dans la neige, ce qui ne faisait qu'empirer les choses.

Le maire avait décrété l'état d'urgence, et le gouverneur de l'État aussi. Tout ce qu'il manquait, c'était que le président des États-Unis déclare la guerre à la tempête. Qu'est-ce qu'il ferait ? se demanda Stéphane. Il enverrait un missile pour faire exploser les nuages ?

M. Blackburn avait emmené les Carcajous voir l'immense arbre de Noël du Rockefeller Center. Ils y étaient tous allés, même Max. Ils avaient lancé des boules de neige et chanté des chansons de Noël tout en marchant.

C'était, en un sens, une journée exceptionnellement belle : la neige tombait en gros flocons mouillés, les rues toutes blanches scintillaient sous les lumières de Noël, les gens flânaient dans la ville comme s'ils n'avaient jamais rien vu de pareil. La « Grosse Pomme » était en train de se transformer en grosse guimauve.

Au Rockefeller Center, une équipe de déneigement s'efforçait de garder la petite patinoire dégagée, mais c'était presque impossible. Il y avait quelques patineurs, dont les lames laissaient des traces dans la neige.

Les Carcajous admiraient l'énorme sapin de Noël illuminé quand ils entendirent soudain un bruit familier trouer le silence ouaté.

— Ka-wa-bun-ga !

Stéphane et Anou se précipitèrent vers les balustrades pour regarder la patinoire, aménagée beaucoup plus bas que le niveau de la rue.

C'était Sim ! Il avait loué une paire de vieux patins noirs et s'avançait tout seul sur la glace.

Sauf qu'il ne se contentait pas de patiner : il faisait semblant de voler, dans une pose caricaturale de patineur de fantaisie. Il fit brusquement volte-face et, les bras toujours levés comme s'il dansait, fit le tour de la patinoire en prenant de la vitesse. Il planta tout à coup le bout d'un de ses patins dans la glace et s'élança dans les airs dans une ridicule tentative de saut Salchow, mais il glissa, atterrit sur l'arrière-train et traversa la patinoire en tournoyant.

Les Carcajous, qui s'étaient rassemblés le long des

balustrades, étaient écroulés de rire.

Stéphane aperçut des gens de la télévision près du sapin de Noël. Ils ramassaient leur équipement et se précipitaient vers la patinoire.

— Ka-wa-bun-ga !

Même cri, mais voix différente. C'était Roseline — avec les mêmes patins loués, et la même posture ridicule et exagérée sur la patinoire. Elle se dirigea vers Sim, toujours assis sur la glace, et s'arrêta brusquement en lui projetant délibérément de la neige dans le visage.

Sim se mit à rire. Il se releva, s'inclina bien bas et tendit le bras.

— Mais qu'est-ce qu'ils font ? demanda Anou en riant.

Roseline fit la révérence, comme une dame des temps anciens acceptant un menuet. La tête haute, elle donna le bras à Sim et s'élança avec lui sur la patinoire, le nez en l'air et les yeux presque fermés, dans un pas de deux tout à fait exagéré, grotesque, mais parfaitement synchronisé.

On aurait presque pu se croire en train de regarder la compétition de danse sur glace aux Olympiques.

La foule se mit à applaudir et à acclamer les patineurs. Les Carcajous criaient d'en haut — « Ka-wa-bun-ga ! », lança Aimé-Césaire d'une voix qui semblait appartenir à quelqu'un d'autre —, tandis que Max et M. Blackburn, penchés sur la balustrade, riaient aux éclats. M. Blackburn s'essuyait les joues.

La caméra se rapprocha, suivant les deux « danseurs sur glace » jusqu'à ce que Roseline décide, dans un coin de la patinoire, de jouer un tour à ce pauvre Sim et de le soulever au-dessus de sa tête.

Roseline était solide. Tous ses coéquipiers s'émerveillaient de sa force, mais Sim, c'était quand même Sim. Roseline poussa un grognement et tenta de le soulever à bout de bras. L'espace d'un instant, Stéphane s'imagina Roseline en train de parcourir triomphalement la patinoire, agitant sa main libre tout en tenant Sim de l'autre bien haut au-dessus de sa tête, une rose entre les dents, les bras de son partenaire battant la mesure.

Malheureusement, la réalité n'était pas aussi élégante. Malgré ses vaillants efforts, Roseline fut incapable de soulever son coéquipier. Sim perdit l'équilibre, pirouetta dans les airs en criant « Je vais vomir ! » et entraîna Roseline dans sa chute tandis que la foule retenait son souffle. Les deux patineurs allèrent s'écraser dans le coin où ils restèrent un bon moment, étendus de tout leur long, riant aux éclats et laissant la neige tomber dans leur bouche grande ouverte.

Le cameraman avait capté toute la scène.

Les Carcajous se précipitèrent en bas de l'escalier, firent irruption sur la patinoire et coururent en glissant jusqu'aux « champions olympiques » déchus.

Sim fit un clin d'œil en direction de la caméra qui

le filmait en gros plan.

— C'est pour les nouvelles de quel réseau? demanda-t-il, comme s'il avait désormais l'habitude de se faire filmer tous les jours.

Le cameraman continuait à filmer. Une femme — la productrice, peut-être? — apparut derrière lui et se pencha vers Sim en souriant.

— Ce n'est pas pour les nouvelles, dit-elle. C'est pour Letterman.

— Letterman? demanda Sim, les yeux ronds comme des soucoupes.

— L'émission de fin de soirée, fit-elle. Tu connais?

— Letterman? répéta Sim, incrédule.

— On fait quelques images de la tempête de neige, poursuivit-elle. C'était magnifique. Merci beaucoup!

— C'est pour quand? demanda Sim.

— Ce soir, répondit la femme.

Sim ferma les yeux. D'énormes flocons lui tombaient sur le visage et fondaient instantanément sur sa peau luisante de sueur. On aurait dit qu'il était mort et qu'il était arrivé au ciel.

— Je vais passer chez Letterman, répétait-il sans cesse. Chez Letterman!

CHAPITRE 7

Sim retourna à l'hôtel comme si l'air avait été rempli de confettis plutôt que de neige. Stéphane avait rarement vu son ami — qui avait pourtant une très haute opinion de sa petite personne — aussi imbu de lui-même.

— Je vais passer chez Letterman ! Je vais passer chez Letterman !

Pas « on » va passer chez Letterman ! Pas « Roseline et moi » allons passer chez Letterman !... « Je » vais passer chez Letterman ! « Si j'entends ça encore une fois, se dit Stéphane, je vais... je vais... je vais vomir ! »

Ils traversèrent l'avenue Lexington en route vers leur petit hôtel. Ils étaient fatigués, et M. Blackburn et Max avaient suggéré qu'ils rentrent se reposer un peu en prévision du match du soir. Les deux hommes les accompagnèrent jusqu'à ce que l'hôtel soit en vue, puis repartirent dans l'autre direction. Max voulait voir la bibliothèque publique de New York, ce que les

Carcajous auraient pu trouver un peu étrange s'il ne s'était pas agi de Max. Mais ils connaissaient trop bien leur entraîneur pour s'en étonner : il préférait la lecture au cinéma, et aurait choisi de visiter un vieux champ de bataille de la guerre civile plutôt que d'aller à Disney World.

Sim et Stéphane s'étaient laissés distancer, avec quelques-uns de leurs camarades, quand ils entendirent un bruit étrange, assourdi par la neige qui tombait.

— Psssst !

Stéphane n'était pas sûr que ce soit une voix humaine. Mais le bruit se répéta bientôt, plus fort et plus pressant :

— Psssst ! Sim !

Ils se trouvaient devant une toute petite ruelle, tellement étroite qu'une automobile n'aurait pas pu s'y engager. Une grande silhouette sombre, couverte de gros vêtements d'hiver de la tête aux pieds, s'y détachait à peine de l'obscurité.

Big !

— Hé ! Big ! cria Sim comme s'il venait de retrouver un ami perdu de vue depuis longtemps. Quoi de neuf, mon pote ?

Avec son plus bel accent new-yorkais…

Big agita la main dans la ruelle sombre.

— Vous voulez encore des montres et d'autres machins ? demanda-t-il.

— Certainement, mec, fit Sim. Hein, les gars ?

Normand, Aimé-Césaire et Jean-Louis firent tous

oui de la tête. Ils s'approchèrent de Big, en train d'ouvrir son « coffre aux trésors ».

Stéphane s'avança lui aussi. Il ne pouvait pas s'en empêcher. On aurait dit que les montres et les lunettes fumées avaient un attrait magnétique… qu'elles l'attiraient dans la ruelle.

Cette fois-ci, il n'y avait pas de policiers dans les parages. Stéphane supposa qu'ils devaient être retenus par les nombreux accidents de la circulation. Big ne semblait pas du tout inquiet en déballant ses imitations de Rolex et de lunettes fumées de luxe.

Normand, Jean-Louis, Aimé-Césaire, Paul et Claude achetèrent tous quelque chose. Même Stéphane mit la main dans sa poche, à la recherche de son portefeuille, tout en faisant rouler dans son autre main une montre de l'armée suisse, qu'il trouvait particulièrement belle.

— Je vais passer chez Letterman, dit Sim à Big.

Big cligna des yeux. De toute évidence, il ne le croyait pas. Cet homme qui gagnait sa vie à berner les gens n'allait pas se laisser berner aussi facilement.

— Comment ça, mon gars ?

— Ils m'ont filmé pendant que je patinais au Rockefeller Center, répondit Sim, le sourire fendu jusqu'aux oreilles.

— Vraiment ?

— Vraiment ! Et je vais passer à la télé une autre fois aussi, tout de suite après avoir montré mes fesses au monde entier la veille du jour de l'An !

Big, en train de prendre l'argent des autres garçons, se tourna vers lui, perplexe.

— Tu vas quoi ? !

— On a un plan, poursuivit Sim. Aimé-Césaire, avec Kling qui est rentré à l'hôtel… Ils ont trouvé comment s'infiltrer dans l'émission en direct et montrer mon derrière sur le grand écran de télé de Times Square.

Stéphane aurait bien voulu que Sim se taise. C'était une idée stupide, et c'était encore plus stupide d'en parler à un parfait étranger.

Mais Big montra de l'intérêt. Pour la première fois, il sourit. En voyant luire une dent en or dans l'obscurité de la ruelle, Stéphane se sentit retourner loin en arrière. Il n'avait pas vu de dent en or depuis le jour où, en Suède, lui et plusieurs de ses coéquipiers avaient été enlevés par des gangsters russes.

Il se demanda un instant si celle de Big était aussi fausse que tout le reste. C'était peut-être du plastique recouvert de peinture dorée…

— Raconte-moi ça, dit Big.

— Aimé-Césaire et Kling sont des petits génies de l'informatique, dit Sim. On a une caméra vidéo et on a trouvé un système pour pirater l'émission et me faire passer à la télé pendant une minute. Je vais avoir mon nom dans le *Guinness,* Big !

— Certainement, fit Big. Si tu ne te fais pas prendre.

— T'inquiète pas, répondit Sim. On a tout calculé. Quand ils comprendront ce qui leur arrive, il sera trop tard.

Stéphane n'en pouvait plus. Il donna à Sim un petit coup dans les côtes. Sim se tourna légèrement vers lui et l'envoya promener du revers de la main, comme un moustique dérangeant.

Les garçons avaient acheté toutes les montres et toutes les lunettes qu'ils avaient les moyens de se payer. Big ramassa sa cargaison et referma sa valise à moitié vide. Stéphane se demandait combien il avait fait de profit. Qu'est-ce que ça valait vraiment, une montre à dix dollars ? Cinq dollars ? Deux ?

— On se reverra, hein, Big ? demanda Sim en s'éloignant.

— Tu parles, Sim ! dit Big, dont la dent en or scintilla de nouveau. Je vais te regarder à la télé.

Chapitre 8

Les Carcajous disputèrent ce soir-là leur premier match dans le cadre du tournoi pee-wee international de la « Grosse Pomme ». Ce fut pour eux à peine plus qu'une séance d'échauffement. L'équipe adverse, les Selects de Long Island, n'était pas tellement meilleure que celle des Bears de Burlington. La grande différence, c'est que ce match allait compter dans le classement, tandis que celui qu'ils avaient joué contre les Bears ne serait qu'un beau souvenir.

Roseline et Anou connurent toutes les deux un match exceptionnel. Roseline, à la défense, interceptait tir après tir, transportait la rondelle et aidait Germain à dégager ses retours avec une telle facilité qu'on l'aurait crue capable d'empêcher à elle seule les Selects de marquer.

Anou était plutôt d'humeur à construire des stratégies. Chaque fois que Stéphane ou Dimitri lui passait la rondelle, elle la repassait aussi vite. Elle refusait de décocher des tirs faciles vers le but, renvoyant plutôt la rondelle à la pointe ou virevoltant pour essayer de donner à Stéphane ou à Dimitri une occasion de marquer. Au début de la troisième période, Dimitri et Stéphane avaient chacun marqué deux buts, et Sim avait également marqué de la pointe.

— Ralentissez un peu, leur ordonna Max pendant une courte pause.

Il n'avait pas besoin d'en dire plus. Tous les joueurs des Carcajous savaient que Max évitait toujours de mettre dans l'embarras les autres équipes et les autres entraîneurs pendant les tournois. Même lorsque le classement pouvait être déterminé par le nombre de buts marqués, il refusait de laisser son équipe accumuler les points.

Mais cette invitation à cesser de marquer prenait un tout autre sens pour Sim. Quand un match comptait vraiment, quand les Carcajous devaient absolument marquer, Sim était LE joueur à envoyer sur la glace. Encore plus qu'Anou, il avait un don pour marquer quand il le fallait. Mais s'il n'avait plus de raison de jouer sérieusement, Sim était prêt à essayer n'importe quoi, même les manœuvres les plus farfelues. Sa grande ambition, comme il l'avait confié à Stéphane, était de marquer un but « à la Pavel Bure » — de prendre la rondelle derrière le filet adverse, de l'envoyer planer haut dans les airs pour qu'elle passe pardessus le but et de revenir ensuite à l'avant du filet assez rapidement pour pouvoir marquer en frappant la rondelle au vol, comme s'il jouait au baseball. Il avait dû essayer la manœuvre une centaine de fois à l'entraînement, sans jamais réussir.

Mais Sim était un garçon déterminé. Il ramassa la rondelle derrière son propre filet, s'avança lentement, fit semblant de passer à Mélanie sur la gauche, puis s'élança avec la rondelle dans l'espace laissé libre.

Stéphane était assis sur le banc quand Sim amorça sa descente. Il baissa la tête. Il aurait mieux aimé être ailleurs…

— Le spectacle commence, commenta Anou, assise derrière lui.

— Je sais, fit Stéphane.

Ce fut en effet tout un spectacle. Sim traversa la patinoire en diagonale, tricotant habilement avec la rondelle. Il gardait la tête haute, et Stéphane se demanda si ce n'était pas pour voir s'il y avait des caméras braquées sur lui.

Sim traversa la ligne bleue des Selects et se dirigea vers le coin de la patinoire. Il fit une feinte en direction de Roseline, qui arrivait à toute allure de l'autre pointe. Roseline, fâchée de voir Sim garder la rondelle pour lui, frappa violemment la glace de son bâton. Mais Sim avait une autre idée. Il continua à manœuvrer derrière le but, aux aguets.

— Voici son « Pavel Bure », annonça Stéphane à la ronde.

— Surprise, surprise ! fit Anou.

Sim frappa légèrement la rondelle pour la placer à l'horizontale, puis il la projeta tellement haut qu'elle passa en tournoyant au-dessus du filet et de la tête du petit gardien de Long Island.

Il s'élança à toute vitesse et contourna le filet du côté gauche, le disque toujours dans les airs.

Il prit son élan et exécuta le coup sûr parfait… à un petit détail près. Il rata la rondelle et, poursuivant sur sa lancée, tomba de tout son long.

Un immense éclat de rire s'éleva de la foule clairsemée assemblée sur les gradins de la petite patinoire intérieure, non loin de l'East River.

Sim se releva et s'élança à la poursuite des Selects, qui réussirent une échappée à trois contre un et marquèrent grâce à un beau tir voilé. La rondelle avait glissé hors du gant de Germain et était entrée en sautillant dans le filet des Carcajous.

— C'est fini pour lui, annonça Anou en se déplaçant pour faire de la place aux joueurs qui revenaient sur le banc.

— Garanti ! renchérit Stéphane.

Sim arrivait, le visage écarlate. Il ne prit même pas la peine de regarder Max. À quoi bon ? Il s'écrasa sur le banc à côté de Stéphane, arracha son masque, ramassa la bouteille d'eau et s'aspergea le visage et les cheveux avant de boire quelques gouttes. Il avala, cracha et se tourna vers Stéphane.

— Qu'est-ce qu'il a, Max ? demanda-t-il.

— Tu te le demandes vraiment ? dit Stéphane.

— Mon match est terminé, répondit Sim.

Ce n'était pas une question, c'était une affirmation.

— T'es surpris ?

— Hé ! fit Sim en souriant. Il nous a dit d'arrêter de marquer, non ? Qu'est-ce que je pouvais faire de plus pour l'équipe ?

Stéphane lui arracha la bouteille des mains et la serra aussi fort qu'il put pour s'asperger le visage à son tour. Il avait peut-être rêvé toute la scène ?

Mais, quand il rouvrit les yeux, Sim était toujours là, avec son grand sourire.

* * *

— Ça y est ! appela Aimé-Césaire... comme si personne ne s'y attendait !

L'heure du couvre-feu était passée depuis longtemps. M. Blackburn avait ordonné à ses joueurs de se coucher avant 22 h 30 — « Lampes éteintes et lecteurs de CD bien rangés ! » — et il était déjà 23 h 30. Les lampes étaient bel et bien éteintes, mais personne ne dormait. La télé était allumée, jetant des lueurs fantomatiques au pied des lits où étaient étendus six des Carcajous, aux aguets.

— Vous pensez qu'ils vont ouvrir avec moi ? demanda Sim à la ronde.

L'émission venait tout juste de commencer. Letterman présentait son petit boniment du début, enfilant blague sur blague — dont les Carcajous ne saisirent pas la moitié — sur la fameuse tempête de neige. Il passa ensuite à une entrevue avec une jeune actrice qui ricanait nerveusement en mâchant de la gomme. Elle raconta que son taxi avait été pris dans un embouteillage et qu'elle avait manqué sa toute première apparition sur scène dans un des théâtres de New York.

— Quel dommage ! soupira Sim.

— Nous avons tourné des scènes un peu partout en ville, annonça Letterman à la jeune actrice, qui ricanait toujours. Aimeriez-vous voir les conséquences de la tempête pour quelques autres New-Yorkais ?

— Ouais, certainement, répondit l'actrice en faisant claquer sa gomme.

— C'est à nous, annonça Aimé-Césaire.

Tandis que David Letterman continuait à faire des blagues, on vit défiler à l'écran des dizaines d'images de la ville aux prises avec la « tempête du siècle ».

On vit d'abord un rhinocéros, au zoo, qui grattait la neige comme s'il n'en avait jamais vu. Letterman fit une blague sur l'Afrique.

Puis un mendiant étendu dans la rue, tendant un gobelet rempli de neige. Letterman fit une blague sur la pauvreté, que Stéphane n'apprécia pas du tout.

Il y eut aussi des skieurs de fond à Central Park, une dizaine de scènes de gens qui essayaient de tirer ou de pousser des voitures hors des bancs de neige, plusieurs personnes qui tombaient sur les trottoirs — toujours avec des blagues de Letterman à l'arrière-plan.

Mais rien sur le Rockefeller Center. Rien sur la patinoire extérieure.

Rien sur les deux « danseurs sur glace olympiques ».

Absolument rien sur Sim.

— Mais on s'est fait avoir ! grogna Sim quand les images cessèrent et que la caméra revint sur l'animateur et son invitée, qui avait maintenant le visage couvert d'une bulle de gomme éclatée.

— Peut-être qu'ils te gardent pour la fin ? avança Aimé-Césaire.

Sim parut apprécier l'idée.

— Ouais, ils gardent le meilleur pour la fin, fit-il.

Mais c'était fini. Stéphane, déjà tout endormi, alla se coucher. Il entendit Aimé-Césaire faire la même chose, puis quelqu'un éteignit la télé, et ses lueurs chatoyantes disparurent. La pièce était plongée dans l'obscurité, et il était très, très tard.

Dans le silence total, Stéphane entendit tout à coup Sim se racler la gorge.

— Ça veut dire que je vais être bien obligé de montrer ma lune, maintenant, dit-il.

Personne ne lui répondit.

— Je n'ai pas le choix !

CHAPITRE 9

— On a perdu.

La voix de Lars tremblotait sur la ligne. Mais Stéphane n'aurait pas pu dire si c'était à cause de la transmission ou parce que Lars était vraiment peiné. Lars prenait toujours tout au tragique. Pourquoi n'aurait-il pas été blessé par une défaite avec son ancienne équipe de Suède ?

— Nous, on a gagné, et facilement ! lança Sim, en criant presque dans le petit micro qu'Aimé-Césaire avait installé pour qu'ils puissent parler plus aisément à Lars.

Ils poursuivirent leur conversation une quinzaine de minutes.

Lars avait du mal à se réhabituer au style de hockey européen. Il soutenait que c'était en partie de sa faute si son équipe avait été battue. Ils parlèrent ensuite quelques minutes de tout ce que les Carcajous avaient fait à New York, puis Lars leur dit au revoir. Il devait se rendre à un match.

— Aimé-Césaire et moi, on a réfléchi à notre affaire, dit Kling en fermant son ordinateur.

Il se tourna vers Sim.

— J'ai envoyé des courriels au Québec, à quelques-uns de mes amis maniaques d'informatique. D'après eux, y a pas moyen de faire ce que tu veux faire en direct.

— Vraiment ? demanda Sim, désolé.

— On va te filmer avec notre caméra et enregistrer la scène sur l'ordinateur, expliqua Kling. Comme ça, si on réussit à s'infiltrer dans l'émission, j'aurai seulement à cliquer avec la souris deux ou trois fois.

— Et t'auras pas besoin de te geler le derrière, ajouta Aimé-Césaire.

— Mais c'est pas pareil ! gémit Sim.

— Comment ça ? demanda Kling. Ce sont tes fesses qui vont apparaître à l'écran, et celles de personne d'autre. Alors, qu'est-ce que ça change que tu sois en direct ou pas ?

— Mais ça ne compte pas ! protesta Sim. C'est comme… C'est comme la différence entre un but et une passe !

Stéphane n'en croyait pas ses oreilles. Il n'y avait que Sim pour dire une chose pareille ! Stéphane, lui, était fier de ses passes. Et Anou avait déjà dit qu'elle aimait mieux préparer un beau but que d'en marquer un elle-même.

— C'est à prendre ou à laisser, dit Kling. C'est le seul moyen.

Sim se tordait les mains, l'angoisse et la déception alternant sur son visage.

Il finit par se résigner.

— Bon. Quand est-ce qu'on le fait ?

— Pourquoi pas maintenant ? demanda Aimé-Césaire.

Sim leva les yeux, surpris.

— Ici ?

— Bien sûr, répondit Aimé-Césaire. Pourquoi pas ? La caméra est déjà sortie. Kling pourra ensuite enregistrer la scène sur l'ordinateur.

— Ici ? Maintenant ? demanda Sim, qui pleurait presque.

Kling secoua la tête.

— C'est ici qu'on est, Sim. Allons-y, qu'on en finisse.

Sim, paniqué, parcourut la pièce du regard.

— Pas avec tout ce monde-là autour !

— C'est quoi, ton problème ? demanda Normand.

— Pas question que je montre mon derrière à la caméra si vous êtes là, annonça Sim. Aimé-Césaire et Kling peuvent rester.

Stéphane n'en revenait pas. Il se précipita hors de son lit pour faire face à son meilleur ami.

— Est-ce que j'ai bien compris ? demanda-t-il. T'étais prêt à montrer tes fesses en plein Times Square, devant un milliard de téléspectateurs dans le monde entier, mais il n'est pas question que tu baisses ton pantalon devant tes meilleurs amis ?

— Non ! cria presque Sim. J'ai besoin d'intimité.

Stéphane se dirigea vers la porte.

— T'as besoin d'un psychiatre, grommela-t-il.

Sim, l'air misérable, lui tira la langue pour toute réponse.

— Allez, on s'en va ! annonça Stéphane en ouvrant la porte.

Les autres Carcajous, à l'exception des trois comploteurs, lui emboîtèrent le pas.

— On te laisse, mais on est « derrière » toi en pensée ! ajouta Stéphane.

— Très drôle, grogna Sim. Très, très drôle !

* * *

Ils disputèrent un autre match en après-midi. Ils eurent de la chance. Comme la tempête faisait toujours rage, ils ne pouvaient pas se rendre à Rye et à Long Island, à l'extérieur de la ville. Il avait donc fallu réorganiser les matches pour qu'ils aient lieu le plus près possible du centre-ville.

— On change d'aréna, annonça M. Blackburn au dîner.

— À quelle petite patinoire de fond de cour est-ce qu'on va, cette fois-ci ? demanda Sim.

Il n'avait pas été impressionné par l'endroit où s'était déroulé leur match contre les Selects.

— Ou alors, est-ce qu'on joue dehors ?

— Pas tout à fait, dit M. Blackburn, incapable de retenir plus longtemps son sourire. Cette fois-ci, on s'en va au Madison Square Garden.

— « Le » Madison Square Garden ? demanda Aimé-Césaire, incrédule.

— Le seul et unique ! dit M. Blackburn. Allons-y.

Stéphane sentit soudain toutes ses inquiétudes le quitter. Il ne s'en faisait plus pour la tempête de neige. Il ne s'en faisait même plus pour Sim et son idée ridicule de figurer — du moins en partie — dans le *Livre des records Guinness.* Tout ce qu'il avait en tête, c'est qu'il allait jouer sur la patinoire où Wayne Gretzky avait disputé son dernier match.

Il n'avait jamais rien vu de pareil. Ils arrivèrent par une immense entrée latérale, assez grande pour un camion à remorque et un autobus, et empruntèrent ensuite une longue rampe en spirale dont la montée les laissa tout essoufflés.

— La patinoire est au sixième étage, annonça M. Blackburn.

Ils débouchèrent par la porte de la Zamboni et tournèrent à gauche dans un étroit corridor qui menait aux vestiaires. Ils allaient se changer dans le vestiaire des visiteurs, où les avaient précédés Orr, Dryden et Kariya.

Après avoir enfilé ses jambières et sa culotte, Stéphane sortit faire un tour, en chaussettes, dans le corridor. Les murs étaient ornés d'immenses photos des gens célèbres qui s'étaient produits au Madison

Square Garden. Il lut leurs noms tout en marchant : Elton John, Frank Sinatra, Judy Garland, les Beatles, Jean-Yves Simard…

Jean-Yves Simard ?

Stéphane s'arrêta si brusquement qu'il glissa sur ses bas et faillit tomber.

Sim ?

Une photo de Sim, tout sourire dans son uniforme de hockey, avait été collée avec du ruban noir sur la photo d'Elvis Presley. Et son nom, probablement découpé dans le programme du tournoi de la « Grosse Pomme », était superposé à celui d'Elvis au bas de la photo encadrée. La grand-mère de Sim aurait été scandalisée. Elvis était son idole, et elle avait presque tous ses disques.

— Comment t'aimes ça ? demanda une voix au bout du corridor.

C'était Sim, à moitié habillé, qui sortait la tête par la porte du vestiaire. Il souriait de toutes ses dents.

— Je suis sûr qu'Elvis serait content, dit Stéphane.

— Il est mort, répliqua Sim. C'est moi, la nouvelle idole !

— L'idole de qui ? demanda Stéphane.

— L'idole des amateurs de hockey, commença Sim. L'idole des New-Yorkais. L'idole des lecteurs du livre des records… Tout ce que tu voudras !

« Bon, je veux bien », se dit Stéphane.

— L'idole des imbéciles, lança-t-il avec un sourire

forcé à son ami, décidément de plus en plus étrange.

— Pourquoi tu dis ça ? demanda Sim, l'air soudain blessé.

— Tu te comportes comme un imbécile, dit Stéphane. T'exagères tout le temps. Ton stupide accent de New York... Ta stupide idée de montrer tes fesses... qui va mettre tout le monde dans le pétrin !

— Relaxe ! dit Sim en reprenant son sourire habituel. Ça ne fera de mal à personne !

— J'espère bien ! répliqua Stéphane.

Sim secoua la tête.

— Relaxe, mon pote ! Profite de la « Grosse Pomme » ! Et souviens-toi qu'un jour tu pourras dire que tu me connaissais...

— Qu'est-ce que ça va te donner, même si tu réussis ? De toute façon, personne va savoir que c'est toi.

— Mais mes fesses vont être célèbres dans le monde entier ! dit Sim. C'est comme si tu avais vu les chutes du Niagara se former, ou les pyramides en construction. Tu vois ce que je veux dire ?

Stéphane se contenta de secouer la tête. Non, il ne voyait pas. Et quand il essaya de se mettre à la place de son ami, il eut l'impression d'avoir comme cerveau un ordinateur qui venait de « planter » soudainement.

CHAPITRE 10

Ils devaient affronter des joueurs du Michigan, les Wheels de Detroit, l'une des meilleures équipes pee-wee aux États-Unis.

Max semblait inquiet.

— C'est une excellente équipe, dit-il. Bien entraînée et en bonne forme physique. Si vous faites une erreur, la rondelle va se retrouver immédiatement dans notre filet. Alors, je vous demande de ne prendre aucun risque. C'est compris, Simard ?

— Compris, monsieur l'entraîneur, grommela Sim, la tête entre les genoux, le casque enfoncé sur le crâne, le regard fixé sur le sol entre ses deux pieds.

Anou leva les yeux au ciel et regarda Stéphane à l'autre bout du vestiaire. Ils savaient tous deux à quel point Max détestait se faire appeler « monsieur l'entraîneur ». — « On n'est pas au football, disait-il. Je m'appelle Max ou, si vous y tenez, monsieur Bouchard, mais pas "monsieur l'entraîneur". » — Mais ils constataient aussi que Sim était en mode « jeu », la tête baissée, parfaitement concentré. C'était bon signe.

Stéphane avait joué dans plusieurs endroits légendaires : la patinoire olympique de Lake Placid, où l'équipe américaine avait remporté un match historique en 1980, le Colisée de Québec pendant le tournoi de la Vieille Capitale, le Maple Leaf Gardens de Toronto avant la construction du centre Air Canada, le Globen Arena de Stockholm, et même le Big Hat Arena de Nagano, au Japon. Mais le Madison Square Garden avait quand même quelque chose de particulier. Ils avaient l'impression de patiner sous la voûte dorée d'une immense église. Et, pour une raison que Stéphane n'arrivait pas à s'expliquer, les sièges semblaient plus proches de la glace qu'ailleurs, même si c'était impossible. Les bannières de la coupe Stanley et les chandails des joueurs à la retraite ajoutaient encore à la majesté et à l'ambiance des lieux.

Stéphane se sentait bien. Il était content de voir que Sim était fin prêt pour le match. Il était content de jouer avec Anou, qui patinait toujours avec une grâce d'ange. Et il se réjouissait d'avoir atteint la barre horizontale dès le premier tir de la période d'échauffement.

Les Wheels étaient plus gros que les Carcajous, plus grands, plus forts, et ils pratiquaient un jeu plus robuste. Dès sa première présence sur la patinoire, Sim se fit plaquer dans un coin au cours d'une manœuvre qui aurait dû — comme l'avait fait remarquer M. Blackburn en criant à tue-tête — entraîner une pénalité. Mais l'arbitre n'avait pas bronché, et Sim s'était relevé aussitôt pour reprendre sa place dans le jeu. Sans chercher à épater la galerie…

— On est plus rapides, souligna Max après quelques tours. On est capables de les battre. La vitesse est toujours l'arme la plus intimidante au hockey. Ne l'oubliez pas quand vous serez sur la glace.

Stéphane avait l'impression que Max s'adressait directement à lui. Et aussi à Simon-Pierre, Paul, Aimé-Césaire et Mélanie, les plus petits des Carcajous, ceux qui risquaient le plus de se faire bousculer dans les coins par les gros Wheels, qui n'avaient pas une seule fille dans leurs rangs. On aurait dit des hommes faits, pas des garçons de douze ans.

— Regardez le numéro 6, dit Anou en rentrant au banc après son tour avec Dimitri et Stéphane. Il a une moustache !

Stéphane essaya de regarder derrière le masque du joueur adverse. C'était difficile à dire, mais il semblait vraiment avoir un début de moustache. Stéphane eut un frisson. Peut-être que c'étaient véritablement des hommes, après tout ? Peut-être qu'il y avait eu une erreur dans les horaires ?

Les Wheels marquèrent le premier but, puis le deuxième, en intimidant à chaque fois les plus petits joueurs des Carcajous. Aimé-Césaire dut se défaire de la rondelle devant l'insistance de ses adversaires, puis, après une passe de Jean-Louis, Simon-Pierre fut tout simplement renversé par un joueur de Detroit, beaucoup plus gros que lui.

Max ne semblait absolument pas nerveux.

— Sers-toi de ta vitesse, ordonna-t-il à Anou en posant sa grande main sur l'épaule de sa joueuse pour l'encourager.

Au tour suivant, Sim réussit une interception magistrale pour empêcher les Wheels de marquer. Il s'empara de la rondelle et la transporta derrière son propre filet, avant de l'envoyer par la bande à Stéphane qui se servit de ses patins pour la placer sur la lame de son bâton. Mais un gros défenseur des Wheels se rapprochait dangereusement.

Stéphane avait d'abord prévu de lancer la rondelle vers le centre de la glace en espérant qu'Anou pourrait la ramasser, mais il ne voulait pas être le joueur qui donnerait la rondelle à l'autre équipe. Il opta donc pour un coup de revers, projetant de toutes ses forces la rondelle contre la bande. Elle passa à côté du défenseur qui approchait et fila le long de la bande.

Anou avait prévu la manœuvre. Elle ramassa le disque derrière le défenseur adverse, qui était maintenant hors position.

Dimitri attendait de l'autre côté. Anou lui envoya une passe solide, qui passa par-dessus le bâton que tendait l'autre défenseur, et Dimitri la rabattit habilement avec son propre bâton. Dimitri appelait ces manœuvres des « passes à la russe » quand ils s'exerçaient tous les trois à faire des passes en hauteur. Il envoya la rondelle sur son bâton d'un coup de pied et s'élança vers l'avant ; il n'y avait plus rien entre lui et le gardien.

Stéphane savait exactement ce que Dimitri voulait faire : traverser la glace en diagonale de manière à arriver au but de côté, feindre un tir du côté le plus court, garder la rondelle et contourner le gardien. Puis tirer du revers dans le haut du filet.

C'est ce qu'il fit, et la bouteille d'eau tomba du filet juste au moment où la lumière rouge s'allumait.

Deux minutes plus tard, Claude s'empara de la rondelle au centre et passa à l'aveuglette en direction de Sim, qui arrivait à toute vitesse en plein milieu de la patinoire en cognant sur la glace avec son bâton. La passe fut presque parfaite. Sim tendit le bras et réussit tout juste à envoyer la rondelle entre les deux défenseurs de Detroit. Il s'élança ensuite à sa poursuite, bouscula les deux défenseurs qui fonçaient pour lui barrer la route et décocha un tir en tombant. La rondelle passa au-dessus de l'épaule du gardien des Wheels, et Sim entra à sa suite dans le filet en emportant le gardien dans sa course. Tous trois — Sim, le gardien et le filet — allèrent s'écraser contre la bande.

Wheels 2, Carcajous 2.

— Servez-vous de votre vitesse, répéta Max à la première pause. Ça marche !

Mais il y eut des moments où ça ne semblait pas

marcher du tout. Les Wheels enfilèrent un troisième but, après quoi Normand égalisa grâce à un tir retentissant du cercle extérieur. Les Wheels marquèrent deux fois, et les Carcajous égalisèrent de nouveau, grâce d'abord à un tir voilé d'Aimé-Césaire, puis à un but de Claude, qui fit habilement dévier un tir solide décoché par Sim à la pointe. Sim était à son affaire. Pas de manœuvres extravagantes pour épater la galerie, pas de but à la Pavel Bure. Il travaillait d'arrache-pied, comme lui seul pouvait le faire quand il se concentrait sur son jeu.

Les trois périodes réglementaires se terminèrent par une marque de 5 contre 5. L'arbitre expliqua qu'il y aurait cinq minutes de prolongation. Si personne ne marquait, le match serait déclaré nul ; il ne pouvait pas se prolonger davantage parce que d'autres équipes devaient jouer après eux. Max voulait à tout prix cette victoire. Il suffisait d'un seul point pour empêcher les Carcajous d'accéder à la finale.

Tout le monde joua prudemment pendant quelques minutes, les équipes craignant toutes les deux de faire une erreur. Max fit jouer tous ses trios également, espérant une chance qui ne semblait pas vouloir venir. Les Wheels faisaient la même chose de leur côté.

Stéphane regarda l'horloge. Il restait une minute de jeu. Il jeta ensuite un coup d'œil à l'autre bout du banc. Sim était assis, la tête entre les jambes, cherchant à reprendre son souffle. Il n'avait pas fait une seule bêtise au cours du match, il n'avait pas fait semblant d'être blessé, il n'avait même pas dit un mot. Stéphane ne se souvenait pas de l'avoir vu aussi concentré.

Max se pencha vers Sim et lui demanda quelque chose. Sim fit oui de la tête, et Max lui donna une tape sur l'épaule. Toujours à bout de souffle, Sim bondit par-dessus la bande pour ce qui risquait d'être la dernière mise au jeu du match.

— Anou, ordonna Max. Ton trio.

Stéphane, lui non plus, n'avait pas encore repris son souffle. Mais Anou et Dimitri étaient déjà sur la patinoire. La mise au jeu devait avoir lieu dans la zone des Carcajous, et Anou était de loin la meilleure dans ce genre de circonstances. Les Carcajous devaient l'emporter s'ils voulaient garder la rondelle loin des Wheels et se donner une autre chance de gagner.

D'un seul mouvement, Anou ramassa la rondelle dans les airs et se retourna, poussant le gros joueur de centre de Detroit pour l'empêcher de s'en emparer. Stéphane connaissait parfaitement la manœuvre. Anou allait barrer la route au joueur adverse, et lui n'aurait qu'à ramasser la rondelle et à décamper.

Stéphane saisit la rondelle et la garda en sécurité tandis que le gros joueur de centre bousculait Anou pour la contourner.

Sim attendait derrière le but. Stéphane lui fit la passe.

L'ailier le plus éloigné arrivait à toute vitesse. Sim fit semblant de ne l'avoir même pas vu et dégagea très délicatement la rondelle de l'arrière du filet juste au moment où l'ailier le rejoignait. Celui-ci n'ayant plus de rondelle à ramasser, Sim s'écarta, l'ailier passa à côté de lui, et Sim ramassa facilement sa propre passe lorsque la rondelle rebondit sur le filet.

Il s'élança vers la bande, du côté opposé, en regardant vers le centre de la patinoire.

Dimitri était prêt à s'échapper. Sim le vit et lui lança par la voie des airs une longue passe qui faillit frapper l'horloge. Dimitri, à cheval sur la ligne du centre pour être certain de ne pas se retrouver hors jeu, bondit sur la rondelle qui retombait.

Le plus gros défenseur des Wheels l'avait rejoint, mais il ne pouvait rien faire contre la vitesse phénoménale de son adversaire. Dimitri envoya la rondelle vers la bande la plus proche et fit semblant de tourner brusquement devant le défenseur pour se diriger vers le filet. Le défenseur fut bien obligé de s'élancer sur lui, mais Dimitri fit glisser la rondelle entre ses jambes en direction d'Anou, qui arrivait à toute vitesse, poursuivie par le gros joueur de centre qui tentait de l'intercepter avec son bâton faute de pouvoir la rejoindre.

Stéphane vit qu'il avait une chance. Il se dirigea vers Dimitri et décrivit une longue courbe vers le but, attirant avec lui l'ailier adverse. Il sentit le bâton de son adversaire pousser sur ses jambières, et même sur sa culotte. Il sentit la lame qui cherchait à l'accrocher. L'arbitre aurait dû siffler, mais il n'en fit rien. Il avait décidé de laisser passer l'infraction.

Stéphane tenta un tir au but, mais le joueur qui le harcelait avait glissé la lame de son bâton jusque sous le bras du capitaine des Carcajous et l'attirait vers lui pour l'éloigner de la rondelle. Stéphane essaya à nouveau de tirer, mais il manqua la rondelle et tomba. Il entendit la foule réclamer une pénalité. Encore une fois, l'arbitre ne siffla pas.

Stéphane était par terre, son adversaire en train de tomber sur lui. Il poussa la rondelle avec son patin et elle vola vers la ligne bleue.

Il se dévissa le cou pour essayer de voir ce qui se passait. Le gros joueur des Wheels était maintenant écrasé sur lui.

Sim s'avançait vers la rondelle ! !

Patinant à vive allure, il la ramassa à la ligne bleue. Il feinta le seul adversaire restant, très joliment, vers la droite, et se dirigea fin seul vers le gardien.

Le gardien risqua le tout pour le tout et se précipita vers Sim.

Sim ramena le disque vers lui d'un parfait petit coup sec, contourna le gardien étendu sur la glace et, lentement, poussa la rondelle dans le filet.

Carcajous 6, Wheels 5. On entendit à peine la sirène de fin de match à travers les hourras de la foule.

Stéphane se releva et se précipita vers Sim, qui reculait déjà vers le coin de la patinoire, le bâton par terre et les gants dans les airs.

Stéphane, Anou et Dimitri arrivèrent sur lui

en même temps, aussitôt suivis de Roseline et de Germain, qui avait déjà traversé la moitié de la patinoire, pendant que les autres Carcajous sautaient en désordre par-dessus la bande.

— Vitesse ! cria Anou. Viteeeeessssse !

Sim sourit à Stéphane.

— Et le roi des prolongations, dit-il, je l'avais oublié celui-là !

CHAPITRE 11

M. Blackburn avait une surprise pour les Carcajous. Il avait réservé une partie du nouveau restaurant ESPN Zone juste à côté de Times Square. Stéphane n'avait jamais rien vu de pareil : trois étages, entièrement consacrés à de délicieux hamburgers, à des frites parfaitement croustillantes et… aux sports. Partout, des téléviseurs diffusaient des émissions sportives en provenance du monde entier, sur des centaines d'écrans immenses où s'agitaient des joueurs de basket-ball, de football, de hockey ou de soccer, et les bolides participant au Grand Prix d'Australie. Et, dans la salle réservée pour les Carcajous, trois téléviseurs présentaient les championnats mondiaux de hockey junior qui se déroulaient au même moment en Finlande.

Sim se promenait là-dedans comme dans son salon. Il s'avança jusqu'à la première rangée de fauteuils inclinables qui semblaient si moelleux. Il se laissa tomber dans celui du milieu et lança :

— Chips, Coke, hamburger — sans oignons, triple ketchup — et les Mighty Ducks contre Detroit, s'il vous plaît !

L'un des serveurs, amusé de son aplomb, saisit une télécommande, prêt à répondre aux moindres désirs de son client. Sim leva le poing en l'air et l'abaissa aussi vite en guise de remerciement, puis s'enfonça dans le gros fauteuil. On aurait dit qu'il allait disparaître complètement.

Stéphane s'assit à une table avec Anou, Roseline et Normand. Ils commandèrent des rondelles d'oignon et des hamburgers, et ils sirotaient leur Coke quand Anou, la paille encore dans la bouche, fit un signe de tête vers le coin le plus reculé de la salle.

— Max s'amuse, on dirait, murmura-t-elle en laissant retomber sa paille dans son énorme verre.

Max était assis tout seul dans son coin, aussi loin que possible du vacarme créé par les deux douzaines de téléviseurs, dont le volume était tellement élevé qu'on aurait dit qu'il y avait des émeutes en cours. Les bras croisés sur son imposante poitrine, il regardait d'un œil mauvais l'un des écrans sur lesquels étaient diffusés les championnats juniors.

— Le Canada est en train de perdre ? demanda Roseline.

Anou secoua la tête.

— Max déteste les endroits comme celui-ci. Il déteste les bars sportifs. Il déteste les matches télédiffusés. Vous vous rappelez la fois où il nous a dit que, si on ne pouvait pas voir un match pour vrai, mieux valait ne pas le voir du tout ?

Stéphane hocha la tête, amusé par ce souvenir.

— Qu'est-ce qu'il voulait dire ? demanda Roseline.

— Il pense qu'un match est intéressant seulement quand on en voit tous les éléments, expliqua Stéphane. Il dit par exemple qu'une caméra qui montre une rondelle est aussi inutile que le joueur qui court après. Tu connais Max : il pense que l'action qui se déroule loin de la rondelle a souvent plus d'intérêt que ce qui se passe tout près. Alors, il ne regarde jamais le hockey à la télé.

— C'est bizarre, dit Roseline.

— C'est Max ! répondit Normand, comme si cela expliquait tout.

Cela parut d'ailleurs suffisant aux trois autres, qui se mirent à rire en hochant la tête.

Soudain, Max en eut assez. Il se leva, vida son verre de Coke et le déposa brusquement sur la table.

Stéphane le vit ramasser son manteau et sa tuque, et se diriger vers M. Blackburn, assis avec Germain, Anne-Marie et Claude à une autre table. Max murmura — ou cria ? — quelque chose à l'oreille de M. Blackburn, qui fit oui de la tête et lui lança un regard un peu triste, comme si tout était de sa faute. Max sourit à son directeur d'équipe et lui donna un petit coup de poing amical sur le bras. Il n'était pas fâché ; l'endroit n'était tout simplement pas fait pour lui. Mais il était parfait pour les Carcajous.

Ils restèrent jusqu'à la fin du match entre le Canada et la Slovaquie, criant et applaudissant à qui mieux mieux quand l'équipe canadienne tira dans un filet désert à la fin du match, pour porter la marque finale à 4 contre 2. Puis, l'estomac plein et les oreilles bourdonnantes, ils payèrent la note et sortirent dans la rue pour rentrer à l'hôtel.

Il neigeait toujours. De gros flocons blancs flottaient comme des plumes entre les grands immeubles, scintillant en passant devant les lampadaires avant de s'ajouter à la neige qui s'accumulait déjà dans les rues et les caniveaux de New York.

Il était tard, mais on se serait cru encore à l'heure de pointe. Les rues étaient encombrées de neige, de taxis jaunes et de voitures de police, et même de quelques véhicules privés dont les conducteurs n'avaient sans doute pas prêté attention aux avertissements des autorités de la ville, qui recommandaient depuis déjà une semaine d'éviter le centre-ville.

La longue marche jusqu'à l'hôtel fut joyeuse. Les Carcajous s'amusaient à attraper les gros flocons avec leur langue. Ils firent une bataille de boules de neige, lavèrent le visage de Sim avec de la neige et en glissèrent dans le dos du manteau de Normand.

De retour à l'hôtel, Stéphane et Anou furent les premiers à entrer dans l'ascenseur. Ils gardèrent la porte ouverte jusqu'à ce qu'Aimé-Césaire y ait poussé le fauteuil de Kling, puis appuyèrent sur le bouton du deuxième. Les portes se fermèrent lentement, et le vieil ascenseur s'arrêta dans une secousse un étage plus haut. En attendant que les portes s'ouvrent, Aimé-Césaire appuyait à coups répétés sur le bouton d'ouverture.

— Patience ! Rome ne s'est pas faite en un jour, dit Stéphane.

Il eut l'impression d'entendre sa grand-mère, qui avait tout un répertoire de maximes comme celle-là.

— J'aime pas les ascenseurs ! annonça Aimé-Césaire.

Les portes s'ouvrirent après une brève hésitation.

Stéphane sursauta, horrifié.

Devant eux, un corps gisait sur la moquette, un grand corps vêtu d'un manteau dont le col était relevé tellement haut qu'il couvrait partiellement le visage. Une tuque se trouvait à côté.

Il y avait du sang qui coulait d'une plaie à l'arrière de la tête de l'homme.

Anou poussa un cri.

— Max !

Chapitre 12

— Il aurait pu se faire tuer ! dit Anou, le lendemain matin.

Mais Max avait eu de la chance. Son épaisse tuque avait amorti le coup qu'il avait reçu à la tête. M. Blackburn était rentré de l'hôpital avec une bonne nouvelle : Max était réveillé et de bonne humeur, et il avait maintenant seize nouveaux points de suture à ajouter à sa collection.

— Ce qui lui en fait plus de trois cents, annonça M. Blackburn comme si Max avait établi un nouveau record de marqueur.

Pour une fois, cependant, ces points de suture n'étaient pas attribuables au hockey — ni à un coup de bâton, ni à une rondelle, ni au patin d'un autre joueur, ni à l'opération que Max avait subie lorsqu'il s'était fracturé la jambe, mettant ainsi fin à sa carrière au hockey junior.

Les policiers ne savaient pas à qui il devait ses points, cette fois-ci. Ils n'avaient trouvé aucune arme, n'avaient aucun suspect et n'avaient procédé à aucune arrestation.

— C'est sans doute une tentative de vol, expliqua M. Blackburn. Ça arrive tellement souvent ici que la police ne se donne même pas la peine d'enquêter.

Stéphane n'en était pas aussi sûr. Une tentative de vol au deuxième étage d'un hôtel, au centre-ville de Manhattan ? Pourquoi ici, alors qu'il aurait été beaucoup plus facile de s'attaquer à un piéton, dans la rue ?

À midi, il eut la confirmation de ses soupçons.

Max avait dit à la police qu'il était sorti voir s'il pourrait trouver un billet de dernière minute pour le théâtre, mais que tout était fermé à cause de la tempête de neige. Il s'était promené quelque temps avant de retourner à l'hôtel, juste avant que l'équipe rentre du restaurant.

La chambre de Max se trouvait au deuxième, comme celle que partageaient Kling et Aimé-Césaire. Quand il était sorti de l'ascenseur et avait pris la direction de sa chambre, il avait remarqué du coin de l'œil deux hommes qui semblaient avoir des difficultés à faire jouer la serrure de leur chambre, à l'autre bout du corridor.

Quelque chose dans l'attitude de ces deux hommes lui avait paru suspect. Max fit donc semblant de s'être trompé de direction et fit demi-tour vers eux, tout en notant mentalement le numéro des chambres. Arrivé à proximité des deux hommes, il constata qu'ils se trouvaient devant la chambre de Kling et d'Aimé-Césaire, où se trouvait le coûteux ordinateur portatif de Kling.

Pensant avoir affaire à des voleurs, il fit semblant de se rendre compte finalement qu'il avait pris la bonne direction la première fois et se dirigea vers sa chambre pour appeler le service de sécurité. Il avait presque atteint l'ascenseur lorsqu'il avait reçu un coup à l'arrière de la tête.

C'est à peine si la police new-yorkaise, débordée par les problèmes de circulation et les autres perturbations causées par la neige, avait pu envoyer un enquêteur sur les lieux. L'homme, qui semblait avoir hâte d'en finir, avait noté les détails que Max avait pu lui fournir et avait annoncé qu'il signalerait la tentative de vol. Il avait conseillé à Max de faire annuler ses cartes de crédit le plus vite possible.

— Je n'en ai pas, avait répondu Max.

Le policier l'avait regardé comme si lui et les Carcajous venaient d'une autre planète.

— Vous vous êtes fait voler combien d'argent? avait-il demandé.

— Je ne me suis rien fait voler. Ils n'ont rien pris du tout.

Le policier avait secoué la tête comme si l'affaire était à peu près classée.

— Ils ont eu peur, avait-il déclaré avec assurance. Vous avez eu de la chance, monsieur.

— De la chance d'avoir seize points de suture et

une commotion cérébrale ? avait fait remarquer Max en secouant la tête.

L'enquêteur n'était pas impressionné.

Stéphane n'avait rien compris à toute cette histoire, du moins jusqu'à ce que M. Blackburn leur lise la description que Max avait faite des deux hommes à la police. L'un des assaillants était grand, et portait un long manteau sombre et un chapeau multicolore enfoncé sur les oreilles, qui lui cachait la majeure partie du visage.

Big ?

* * *

Stéphane était dans sa chambre, étendu sur son lit devant une reprise des *Simpsons.* Il dormait presque quand il entendit un coup léger frappé à sa porte. Pensant que c'était la femme de chambre, il regretta d'avoir oublié d'accrocher à la poignée de la porte la petite pancarte demandant qu'on ne le dérange pas. Mais personne n'appela et personne n'essaya d'ouvrir la porte.

Il entendit frapper à nouveau et se leva pour voir qui c'était. Il dut se mettre sur la pointe des pieds pour regarder à travers l'œil magique. La lentille bombée créait de la distorsion, mais Stéphane était content de pouvoir voir le corridor tout entier.

Il n'avait jamais vu la tête d'Aimé-Césaire aussi grosse, son nez aussi volumineux, ses yeux aussi grands et aussi inquiets. Il ouvrit la porte bien vite. L'inquiétude d'Aimé-Césaire se lisait sur tous les traits de son visage. Stéphane pensa d'abord qu'il y avait quelque chose qui n'allait pas du côté de Max. Mais ce n'était pas pour cela qu'Aimé-Césaire était venu le voir.

— Big est déjà venu ici, fit Aimé-Césaire.

— Quand ?

— Hier. Avant qu'on sorte. Sim l'a amené dans la chambre.

— Dans votre chambre ?

— Ouais. Kling était sorti avec vous autres. On était seulement tous les trois. Sim voulait absolument lui montrer.

— Lui montrer quoi ?

— Son derrière. Il voulait que Big voie ce qu'il avait l'intention de faire la veille du jour de l'An.

— Il est malade !

— Non, non ! Il voulait lui montrer l'enregistrement. J'ai fait démarrer l'ordinateur de Kling et j'ai ouvert le fichier pour qu'il puisse voir. C'est tout.

— C'est tout ? Ça veut dire qu'il a vu où était l'ordinateur. Avec la caméra numérique, ça vaut plusieurs milliers de dollars !

Aimé-Césaire semblait au bord des larmes.

— Justement ! dit-il.

— Comment ça, justement ? demanda Stéphane.

— Rien n'a disparu. J'ai vérifié. Tout est là. L'ordinateur. La caméra. Kling vient de parler à Lars, il y a une heure.

— Alors, c'est parce qu'ils n'ont pas réussi à entrer.

Aimé-Césaire paraissait encore plus inquiet.

— Je pense qu'ils sont entrés.

Stéphane tendit l'oreille.

— Comment le sais-tu ? Est-ce qu'il y a autre chose qui manque ?

— Ma clé, répondit Aimé-Césaire en fixant le bout de ses souliers.

— La clé de ta chambre ? Comment est-ce qu'ils auraient pu la prendre ? T'étais au restaurant avec nous…

Aimé-Césaire secoua la tête.

— Je ne la trouvais pas quand on est partis. Je pense que quelqu'un l'a prise sur la commode plus tôt dans la journée.

Il regardait Stéphane, l'air désespéré.

Stéphane avait compris. Big avait volé la clé plus tôt, quand Sim l'avait invité à monter à la chambre.

— Alors, peut-être qu'ils étaient en train de sortir de la chambre quand Max est arrivé, réfléchit Stéphane, pas d'essayer d'entrer. Mieux vaudrait voir s'il manque quelque chose.

Aimé-Césaire hocha la tête. Il avait l'air complètement découragé.

Kling était déjà au courant de la disparition de la clé.

— Il ne manque rien d'autre, annonça-t-il à Stéphane et Aimé-Césaire à leur arrivée dans la chambre.

— Rien du tout ? demanda Stéphane pour s'en assurer.

— Même la petite monnaie que j'avais laissée sur la commode est encore là. Même tes stupides fausses Oakley et ta Rolex de pacotille, poursuivit Kling en regardant Aimé-Césaire, sont encore sur le pupitre, là où tu les avais laissés.

— Et il ne manque rien dans l'ordinateur ? demanda Stéphane.

— Non, rien. Tout est encore là, exactement comme quand on est partis.

— Alors, peut-être que Max est effectivement arrivé juste au moment où ils allaient entrer, suggéra Aimé-Césaire. Il les a empêchés de prendre l'ordinateur.

Mais Stéphane était perplexe. Si Max était arrivé au moment où ils essayaient d'entrer dans la chambre, pourquoi ne pas avoir poursuivi leur chemin en faisant semblant de s'être trompés de porte ? Pourquoi frapper Max sur le crâne s'ils pensaient que celui-ci n'avait rien vu ?

Et si c'était seulement une tentative de vol, comme le croyait la police, pourquoi n'avaient-ils pas pris son portefeuille ?

Ça ne collait vraiment pas.

Chapitre 13

— Pas Big, gémit Sim. Ça ne se peut pas !

— Arrive en ville ! dit Stéphane. Tu l'as amené dans la chambre de Kling. Il était au courant pour l'ordinateur et la caméra. Et la clé d'Aimé-Césaire a disparu.

— Mais ils n'ont rien pris !

— Uniquement parce que Max est arrivé au bon moment.

— C'est un bon gars, protesta Sim.

— Tu ne le connais même pas, fit remarquer Stéphane en secouant la tête.

— Je sais juger les gens, répliqua Sim. De toute façon, même si c'était lui, il n'a rien pris.

— Il a frappé Max ! fit Stéphane en criant presque.

Il ne comprenait pas que Sim puisse nier ainsi la réalité. Mais, évidemment, il ne savait pas vraiment quelle était la réalité dans cette affaire.

— Même si c'était Big, à la porte, répéta Sim,

désespéré, ça ne veut pas dire que c'est lui qui a frappé Max.

Il se leva et prit son manteau.

— Je vais le trouver.

— Qui ? demanda Stéphane, ahuri.

— Big, bien sûr. Je vais l'affronter.

Stéphane ouvrit la bouche, mais il n'en sortit aucun son. Il était complètement abasourdi.

— Quoi ? demanda Sim.

Stéphane essaya à nouveau de dire quelque chose. Cette fois-ci, même s'il avait l'impression d'être incapable de respirer, il réussit à parler.

— S'il a essayé de tuer Max, qui te dit qu'il ne va pas te faire mal à toi aussi ?

Sim leva les yeux, incrédule. Comment Stéphane pouvait-il croire une chose pareille ? Il lui montra son index et son majeur, comme soudés l'un à l'autre.

— On est comme les deux doigts de la main, répondit Sim. Comme des frères.

— Tu ne connais même pas son vrai nom, souligna Stéphane.

— Je lui fais entièrement confiance, rétorqua Sim.

— C'est bien ce qui m'inquiète, dit Stéphane en secouant la tête.

Mais Sim n'écoutait plus. Les bottes aux pieds, la tuque des Carcajous sur la tête, il se dirigeait vers la porte.

— Attends ! s'écria Stéphane sans réfléchir.

Sim s'arrêta à la porte et se retourna, dans l'expectative.

— Je ferais mieux d'y aller avec toi, dit Stéphane.

— Je le savais ! répondit Sim en souriant.

Il faisait de plus en plus noir au coin de la 52e Rue Est et de l'avenue Lexington. Il neigeait toujours et, d'une certaine façon, New York commençait graduellement à ressembler davantage à Chicoutimi qu'à la « Grosse Pomme ». Les rues étaient maintenant à peu près désertes — à l'exception de quelques taxis jaunes, de quelques voitures de police et d'un chasse-neige dont le moteur grondait au coin d'une rue qu'il cherchait à dégager —, et la neige fraîchement tombée était toute blanche et scintillante sous les lampadaires. Pour la première fois depuis l'arrivée des Carcajous, la ville était calme. Presque silencieuse.

Sim marchait devant, tête baissée, dans une légère poudrerie. Il avançait avec détermination, enfonçant dans la neige jusqu'aux chevilles à chaque pas.

Stéphane avait peine à le suivre. Il trouvait fascinant que Sim semble savoir parfaitement où il s'en allait — un jeune garçon de douze ans se déplaçant dans le centre-ville de New York comme s'il avait été chez lui —, mais il savait depuis longtemps qu'il y avait, dans la vie, des choses que Sim comprenait et beaucoup d'autres qu'il ne comprenait pas. Certes, Sim réussissait aujourd'hui à se repérer dans les rues de cette ville étrangère, mais il serait probablement incapable demain de trouver un caleçon propre dans l'amas de vêtements amoncelés au pied de son lit.

Ils descendirent l'avenue Lexington et prirent ensuite la 42e Rue, dépassant la gare de Grand Central pratiquement déserte puisque les trains ne circulaient plus depuis le début de la tempête de neige.

Près de Times Square, Sim traversa un terrain de stationnement — les voitures abandonnées par leur propriétaire étaient recouvertes d'une couche de neige tellement épaisse qu'il était impossible d'en distinguer la couleur ou la marque — et il enfila une ruelle à l'arrière. Il se déplaçait avec assurance, comme s'il avait été dans sa propre cour.

— Où est-ce qu'on va? demanda Stéphane en faisant de grands efforts — sans y parvenir tout à fait — pour éviter que sa voix ne trahisse son inquiétude.

— Big travaille dans les rues entre Times Square et le Centre Rockefeller. Il dit que c'est le seul endroit où il y a encore des clients. C'est dur pour lui et ses copains, tu sais!

Stéphane frémit. « Dur? » Comment son ami pouvait-il être désolé pour une bande de petits criminels vendant illégalement de fausses montres?

Stéphane émit une évidence :

— Ce n'est pas une rue, ici, c'est une ruelle.

Sim se retourna et regarda Stéphane avec condescendance.

— C'est leur quartier général. Y a des flics partout dans les rues, au cas où tu n'aurais pas remarqué.

Sim s'engagea dans la ruelle. Ils eurent l'impression d'entrer dans une pièce sans lumière. Les lampadaires avaient disparu, en même temps que la lueur rassurante qu'ils jetaient sur la neige. Il faisait très noir, de plus en plus noir. Il y avait des empreintes de pas partout, et des ombres qui faisaient dire à Stéphane qu'ils n'étaient pas seuls.

Il était en train de perdre Sim de vue. La ruelle faisait un coude devant lui. Stéphane espérait qu'elle allait changer de direction une deuxième fois et déboucher sur la prochaine rue, mais il n'en était pas certain. Tout ce qu'il savait, c'est qu'il se sentait mal à l'aise et qu'il regrettait de s'être laissé entraîner dans cette galère.

Il voulait s'en retourner. Il ouvrit la bouche pour appeler Sim, mais aucun son n'en sortit.

Pour la simple et bonne raison qu'il avait le visage couvert d'un gros gant sale !

Chapitre 14

Ils étaient descendus loin sous terre, dans un garage de stationnement. De gros tuyaux dégouttaient au-dessus de leurs têtes. Le sol de ciment était fissuré et taché de sel. L'endroit puait la graisse, les gaz d'échappement et l'humidité. Plusieurs ampoules nues pendaient du plafond au bout de minces câbles électriques, projetant des ombres dansantes sur les murs.

Stéphane avait été traîné là tellement vite — le gant puant toujours posé sur sa bouche, le bras droit immobilisé derrière le dos — qu'il ne s'était pas rendu compte, avant d'être libéré, que ses ravisseurs avaient aussi emmené Sim.

Il y avait seulement deux voitures aux alentours. L'une d'elles était peut-être en état de rouler, mais l'autre, certainement pas. Les roues avaient été enlevées et le pare-brise était en miettes. On pouvait voir l'intérieur par les portières arrière, laissées ouvertes. Il semblait bien que quelqu'un vivait là-dedans. Il y avait des couvertures sales et des vieux journaux partout.

Des piles de valises comme celle dans laquelle Big transportait ses fausses Rolex étaient alignées dans un renfoncement, le long des murs du garage. C'était sûrement le « siège social » de la bande de vendeurs de fausses lunettes et de fausses montres, et les deux Carcajous y étaient clairement considérés comme indésirables. Big n'était nulle part en vue.

Les deux costauds qui les avaient emmenés là n'avaient pas dit un mot.

Le plus gros des deux — lourd et mal rasé, qui louchait légèrement de telle sorte qu'il était impossible de savoir s'il regardait Sim ou Stéphane — sursauta en entendant du bruit sur la rampe qui descendait vers le garage. Il paraissait nerveux, mais il était évident qu'il attendait quelqu'un.

— Big ! s'écria soudain Sim.

Il n'y avait aucune trace d'inquiétude dans sa voix. Il paraissait sincèrement content de voir Big s'avancer vers eux.

Et Big — Stéphane devait bien l'admettre — semblait content de voir Sim.

— Tu cherches un boulot permanent avec nous, monsieur Hockey ? demanda Big en riant.

— Je savais que je te trouverais dans les environs, répondit Sim. Tes gars ont dû penser que je travaillais pour les flics.

Big sourit légèrement. Stéphane se demanda un court instant comment Sim se percevait exactement. Comme un dur à cuire, capable de se défendre contre

Big et ses comparses ? Probablement, même s'il n'était vraiment pas de taille…

— On doit surveiller notre marchandise, c'est tout, souligna Big. Il y a tant de voleurs dans la « Grosse Pomme », tu sais.

« Ouais, se dit Stéphane, et il y en a trois juste devant moi. »

— Qu'est-ce que tu voulais ? demanda Big, comme s'il s'attendait à une nouvelle commande de fausses lunettes Oakley.

Sim lui expliqua la situation. Il lui raconta le cambriolage — ou du moins la tentative de cambriolage — à l'hôtel, et le fait que Max avait été frappé à la tête et avait dû se faire faire seize points de suture. Il ajouta qu'il s'agissait de la chambre de Kling et d'Aimé-Césaire, où Big avait été invité quelques jours auparavant.

— C'est terrible, monsieur Hockey. Est-ce qu'ils ont pris quelque chose ?

« Comme si tu ne le savais pas », pensa Stéphane.

— Non, fit Sim. Rien.

— Tant mieux, dit Big. Tant mieux.

Stéphane était à peu près certain que Big avait jeté un coup d'œil rapide vers le plus petit des deux autres hommes, mais celui-ci ne lui rendit pas son regard. Stéphane ne pouvait donc pas en être sûr, mais il demeurait sur ses gardes.

— Certains de nos gars pensent qu'un des suspects te ressemblait, déclara soudain Sim.

Big se retourna brusquement — pour fixer Stéphane plutôt que Sim.

— Le petit, ici ? demanda-t-il.

Sim ne dit rien. Il attendait.

Stéphane s'éclaircit la voix.

— M-M-Max a décrit un m-m-manteau comme le vôtre, répondit-il.

Big eut un grand sourire.

— Des manteaux comme celui-ci, y en a des tonnes à New York, le petit. Shadow en a un lui aussi.

Il montra du doigt le gros homme habillé comme lui. Stéphane n'avait jamais aimé le nom de « Big », mais « Shadow », c'était encore pire !

— En plus, poursuivit Big, je n'étais pas du tout dans ce coin-là hier soir. Pas vrai, Shadow ?

Shadow se retourna. Il ne semblait pas avoir écouté la conversation. Il cligna des yeux, puis répondit :

— Ouais, c'est vrai. On était au… au théâtre.

Big approuva de la tête. Il regardait Sim, attendant une réponse.

Stéphane eut envie de crier : « Au théâtre ! Oui, bien sûr ! Deux bandits portant de longs manteaux sales et des chapeaux de cambrioleurs en train de regarder une pièce de théâtre ? Voyons donc ! »

— C'est bien, fit Sim. Je me disais que c'était dans votre genre.

— On était sortis toute la soirée, dit Big. Pis on a des témoins.

— Je vais leur dire, dit Sim. Rétablir les faits.

— C'est bien, mon pote, dit Big. C'est bien !

Sim et Big se mirent ensuite à parler de montres et de lunettes fumées, et de l'absence de clients au centre-ville. Sim semblait vraiment éprouver de la sympathie pour Big.

Pendant ce temps, Stéphane fit le tour du garage. Il alla fureter du côté de la vieille voiture abandonnée. Il aperçut à l'arrière une petite provision d'aliments et de boissons en conserve, et même un petit réchaud de camping. Il y avait des déchets partout. Des boîtes de conserve ouvertes. Des bouteilles de bière cassées.

« Pourquoi est-ce qu'ils ne se servent pas de la poubelle ? » se demanda Stéphane. Il y avait pourtant dans le coin un gros baril qui semblait là exprès.

Il alla jeter un coup d'œil. La poubelle avait été utilisée pour faire du feu. Elle était à moitié remplie de cendres grises et de planches noircies, dont certaines portaient encore des clous. Ils devaient se servir du réchaud de camping pour se faire à manger et allumer des feux dans la poubelle pour se réchauffer. « Quelle vie ! » se dit Stéphane.

Stéphane se rendit compte que Sim s'apprêtait à retourner à l'hôtel. Il était sur le point de s'éloigner de la voiture quand quelque chose attira son regard sur le tableau de bord, sous le pare-brise en miettes.

Une clé de chambre d'hôtel !

La clé d'Aimé-Césaire ?

CHAPITRE 15

« Mais qu'est-ce qu'ils ont tous ? » se demandait Stéphane.

D'abord, Sim avait refusé de l'écouter pendant leur longue marche dans la neige jusqu'à l'hôtel. Il ne pouvait pas croire que la clé puisse être celle d'Aimé Césaire. Stéphane avait-il des preuves ? La clé n'était pas numérotée. Elle ne portait même pas le nom de l'hôtel. Elle pouvait appartenir à n'importe qui, avait dit Sim, même à Big.

« Bien sûr, avait pensé Stéphane. En réalité, Big vit dans un palace, et il vend des fausses montres et fréquente les garages souterrains pour s'amuser. »

Stéphane était déçu de l'attitude de son ami, mais ce n'était rien en comparaison de l'impression que lui avait laissée sa conversation téléphonique avec la police de New York. Il avait réussi à retrouver le policier qui avait enquêté sur l'agression subie par Max, mais l'homme semblait se désintéresser complètement de l'affaire. Il avait dit à Stéphane que des clés d'hôtel, il y en avait à tous les coins de rue. Les gens les perdaient tout le temps. Même s'il en avait vu une dans une vieille voiture, ça ne voulait absolument rien dire. Le policier n'avait montré aucun intérêt non plus quand Stéphane lui avait décrit Big et Shadow en lui disant qu'un des deux pouvait bien être l'assaillant de Max.

— Mon garçon, avait dit le policier comme si Stéphane avait été un enfant de cinq ans, il y a un million de personnes dans cette ville qui correspondent à cette description. Rappelle-moi quand tu auras obtenu des aveux signés.

Stéphane fixait le plafond, étendu sur son lit. Le policier avait sans doute raison. Peut-être que quelqu'un était effectivement entré dans la chambre de Kling et d'Aimé-Césaire — c'était difficile à dire —, mais en tout cas, rien n'avait disparu. Quelqu'un avait attaqué Max, ça c'était certain, mais il ne s'était rien fait voler non plus. Peut-être que Sim avait raison, finalement, et que Big n'avait rien à voir là-dedans. Peut-être aussi — pourquoi pas ? — que Big et Shadow étaient vraiment allés au théâtre l'autre soir, voir une comédie musicale, debout tous les deux au moment du rappel pour lancer des fleurs aux vedettes…

Mais, pour une raison ou pour une autre, Stéphane en doutait.

* * *

Les Carcajous avaient un match à disputer. Stéphane avait honte de lui-même ; il était tellement préoccupé par toute cette histoire — par le crime et l'enquête de la police — qu'il avait presque oublié la raison pour laquelle ils étaient à New York.

Ils étaient au beau milieu d'un tournoi important. Et il fallait absolument que lui, leur capitaine, se concentre sur le hockey si son équipe voulait avoir une chance de gagner.

Ils devaient affronter les Young Blackhawks de Chicago à la petite patinoire intérieure où ils avaient joué leur premier match. Fini le Madison Square Garden… sauf s'ils se rendaient en finale.

Les Blackhawks formaient une bonne équipe — intelligente, bien entraînée, robuste… et sans pitié. Ils prirent les Carcajous en défaut dès le début du match et, en quelques minutes, portèrent le score à 2-0 après quatre tirs seulement. Anne-Marie, dont c'était le tour devant le filet, ne jouait pas avec son assurance habituelle.

— Vous êtes plus rapides qu'eux, leur dit Max avant la mise au jeu suivante. C'est votre meilleur atout. Rappelez-vous le dernier match.

Dimitri orchestra le premier but des Carcajous, après avoir gagné le défenseur adverse de vitesse pour atteindre la rondelle. Il contourna le défenseur, ramassa la rondelle en évitant ainsi un dégagement refusé et s'installa derrière le filet des Blackhawks en attendant de pouvoir faire une passe.

Stéphane arrivait à toute vitesse à l'aile gauche, et Anou au milieu. Dimitri fit une feinte en direction de Stéphane et envoya la rondelle à Anou, qui tira immédiatement. La rondelle rebondit bien haut au-dessus de l'épaule du gardien et retomba en tournoyant.

Mais elle n'atteignit pas la glace. Stéphane brandit son bâton devant le gardien, frappa la rondelle au vol, comme s'il avait eu un bâton de baseball, et l'envoya au fond du filet.

— Beau but ! s'écria Anou quand tous les joueurs eurent rejoint Stéphane dans le coin.

— But chanceux ! fit Sim, moqueur, en tendant la main au-dessus de la mêlée pour frapper de son gant le sommet du casque de Stéphane.

Stéphane sourit. Il savait que Sim était plus proche de la vérité qu'Anou, mais il avait vraiment eu l'intention de frapper la rondelle et il avait réussi. La manœuvre avait dû paraître très habile.

Les Carcajous égalisèrent au cours de la deuxième période, grâce à une montée à l'emporte-pièce de Roseline. Tout en attirant le défenseur de Chicago vers elle pour qu'il la mette en échec, elle avait envoyé la rondelle de l'autre côté de la patinoire, d'un coup sec du revers, en direction du petit Simon-Pierre Audette dont le tir avait frappé le poteau. Normand avait attrapé la rondelle qui ricochait vers lui et avait décoché un tir que le gardien de Chicago avait tout juste réussi à arrêter en tombant, après quoi Mario, qui était réputé pour finir le jeu dans ce genre de situation, était arrivé juste au bon moment pour soulever la rondelle dans le filet.

Il ne restait plus qu'une minute de jeu. Les deux équipes étaient toujours à égalité avec quatre buts chacune. Stéphane savait qu'ils devaient absolument remporter ce match. Ils auraient ainsi une fiche parfaite et seraient presque assurés d'accéder à la finale, tandis que tout pouvait basculer s'ils se contentaient d'un match nul. Et s'ils perdaient, ils seraient éliminés.

Il alla rapidement rejoindre Sim, déjà en place pour la mise au jeu.

— Si on gagne, on va jouer au Madison Square Garden encore une fois, lui glissa-t-il à l'oreille en passant à côté de lui.

Stéphane savait que ses paroles n'étaient pas tombées dans l'oreille d'un sourd. Sim se voyait sûrement déjà au Madison Square Garden pour le match de championnat. La foule était nombreuse. La télévision était là. David Letterman. Sim marquait son but « à la Pavel Bure ». Il obtenait un contrat à Hollywood et fréquentait des mannequins vedettes. Il y avait des figurines de Jean-Yves Simard sous tous les arbres de Noël. Et Sim était tellement célèbre qu'il avait besoin de véritables lunettes Oakley pour se promener incognito et éviter de se faire assaillir par ses fans… ce qui arriverait de toute façon, naturellement.

La rondelle atterrit sur la glace. Anou attira vers elle le joueur qui la marquait tandis que Dimitri ramassait la rondelle et la renvoyait par l'arrière à

Roseline, qui était à la défense avec Sim pour la dernière minute du match. Roseline fit une passe latérale à Sim, qui s'élança à toute vitesse avec la rondelle. Il avait franchi la ligne bleue et se dirigeait vers le centre quand il exécuta tout à coup une passe rapide et inattendue qui survola l'épaule gauche de Stéphane.

« Mais qu'est-ce qu'il fait ? » se demanda Stéphane.

Il comprit très vite. Le défenseur des Blackhawks s'était approché tout près de lui, dans l'espoir de créer un revirement. De toute évidence, il avait escompté devancer Stéphane et lui enlever la rondelle, mais la haute passe de Sim l'avait pris complètement au dépourvu. Il tenta de faire demi-tour et tomba.

La rondelle rebondit sur la bande et tomba sur la glace. Avec un synchronisme parfait, Stéphane s'en empara, contourna le défenseur étendu par terre et s'élança vers le but.

Dimitri frappa la glace de son bâton pour réclamer la rondelle. Stéphane lui fit une passe magnifique juste au moment où le défenseur lui fonçait dessus, laissant Dimitri fin seul. Dimitri s'avança, feinta et fit à l'aveuglette une longue passe arrière, qui atterrit directement sur le bâton d'Anou.

Le joueur de centre adverse plongea, dans l'espoir de faire sauter les patins d'Anou. Mais elle était prête. Elle abandonna la rondelle, son adversaire la mit en échec et la fit tomber avec lui.

L'arbitre leva la main. Mais il ne pouvait pas siffler

tant qu'un joueur de Chicago n'aurait pas touché à la rondelle.

Roseline s'empara du disque et fonça vers le but.

Dimitri frappa le côté du filet avec son bâton.

Le gardien de Chicago tenta de couvrir ses angles contre Roseline tout en cherchant à se protéger contre une passe à Dimitri.

Roseline décocha un solide tir du poignet, qui passa à côté du gardien du côté du bloqueur et se retrouva dans le haut du filet, au point de rencontre du poteau et de la barre horizontale.

Il ne restait que quelques secondes avant la fin des trois périodes réglementaires.

Carcajous 5, Young Blackhawks 4.

Les joueurs déjà sur la glace furent les premiers à se précipiter sur Roseline. Max et les autres Carcajous arrivèrent à leur suite, glissant et tombant sur la glace.

— Quel jeu ! cria Anou.

— Magnifique ! ajouta Dimitri. Beau tir, Roseline !

— C'est moi qui ai préparé le jeu, gémit Sim. Et j'ai même pas une passe à mon crédit.

« Faites-le taire, se dit Stéphane. Faites-le taire, quelqu'un ! »

Chapitre 16

C'était le dernier jour de l'année, mais à voir la neige qui tombait toujours en énormes flocons qui s'amoncelaient et rendaient les rues secondaires impraticables, on aurait pu se croire au dernier jour du monde. À l'aube d'un nouvel âge de glace…

Les célébrations de la veille du jour de l'An n'avaient pas été annulées. Au contraire, elles avaient pris une importance particulière, les habitants de New York comptant se rassembler à Times Square en plus grand nombre que d'habitude dans un geste de solidarité, unis contre les éléments. Il pouvait neiger toute la neige du ciel, la tempête n'allait pas les empêcher de faire le compte à rebours des secondes précédant minuit.

On prévoyait maintenant un nombre record de personnes à Times Square. Et l'événement faisait la manchette dans le monde entier : il se pourrait qu'il y ait jusqu'à deux milliards de téléspectateurs, le plus gros auditoire de télévision depuis que le premier homme avait marché sur la lune en 1969 !

— Quelle heureuse coïncidence, avait annoncé Sim avec un large sourire. Les deux fois, ils auront vu une lune !

Non seulement Sim était toujours résolu à mener à bien son projet abracadabrant, mais Kling et Aimé-Césaire se passionnaient presque autant que lui pour sa réalisation.

Kling avait passé de longues heures dans Internet pour trouver comment pirater les signaux de télédiffusion. Stéphane n'en revenait pas de voir toute l'information disponible sur les sites de clavardage et les sites web. Kling avait ainsi pu vérifier qu'une émission en direct comme celle-là serait transmise par voie téléphonique. Ils avaient déjà l'ordinateur portatif de Kling. Et le fichier montrant le derrière de Sim. Ils avaient aussi une ligne de téléphone à l'hôtel et, s'ils en avaient vraiment besoin, ils pouvaient utiliser le cellulaire d'Aimé-Césaire, ce qui leur permettrait de tout faire depuis Times Square.

Mais il leur manquait encore quelques renseignements techniques. C'était une chose de savoir qui diffuserait l'émission, leur avait expliqué Kling, mais c'en était une autre de se rendre jusqu'aux consoles vidéo qui contrôleraient la diffusion. Il leur faudrait des heures — et peut-être qu'ils n'y arriveraient jamais — afin de balayer tout le réseau téléphonique du diffuseur et d'arriver au bon endroit pour commencer leur travail. Compte tenu des autres obstacles et des mots de passe qu'il faudrait probablement fournir, la tâche était pratiquement impossible.

Mais Kling avait trouvé un correspondant allemand qui ne cessait de leur envoyer de nouvelles idées par courriel. Après une heure devant l'ordinateur, ils avaient leurs réponses.

— On peut trouver le numéro de la ligne téléphonique directe sur le camion de diffusion, expliqua Kling. Il est inscrit à l'extérieur de chacun des camions. Il s'agit de savoir quel est le camion principal, et on n'aura plus qu'à deviner le mot de passe pour accéder à la salle de contrôle — et les mots de passe sont généralement évidents. On s'inquiétera de ça plus tard. Pour le moment, il nous faut le numéro inscrit sur ce camion.

— Allons-y ! s'écria Normand.

Stéphane avait beau être le capitaine de l'équipe, ce n'était certainement pas lui qui était aux commandes ce jour-là. L'idée de montrer la lune de Sim au monde entier avait enflammé l'imagination de tous les gars de l'équipe. Tout ce que Stéphane pouvait faire, c'était de les accompagner — et d'être là s'ils avaient besoin de lui.

Ils dirent à M. Blackburn qu'ils allaient faire un petit tour à Times Square pour observer les préparatifs. Ils étaient six : Aimé-Césaire, Sim, Normand, Claude, Paul et Stéphane. M. Blackburn leur recommanda d'être prudents, de rester tous ensemble et de ne déranger personne. Ils lui promirent tout ce qu'il voulait et se mirent en route dans la neige tourbillonnante.

L'estrade était presque prête quand ils arrivèrent. C'était là que l'animateur devait faire son compte à rebours. Une énorme boule devait tomber à minuit tapant d'une spirale posée sur l'une des tours, et toute la cérémonie serait présentée en direct sur l'écran géant installé au-dessus de la place en même temps qu'elle serait retransmise dans le monde entier.

Les camions de diffusion étaient garés dans une rue transversale juste à côté de la scène, mais il y avait des barrières pour empêcher les badauds d'entrer et des agents de sécurité partout.

— Comment on va faire pour entrer ? demanda Normand.

— On ne réussira jamais à passer à côté du flic, là-bas, renchérit Aimé-Césaire.

— On peut essayer de lui parler pour faire diversion, dit Paul. De toute façon, il a l'air de s'ennuyer.

— Lui parler de quoi ? demanda Aimé-Césaire.

— De tout et de rien, répondit Claude. On n'a qu'à lui poser des questions stupides pour l'occuper pendant qu'un d'entre nous se faufile jusqu'aux camions.

— Et qui va les poser, ces questions ? demanda Aimé-Césaire.

Les cinq autres Carcajous regardaient tous dans

sa direction. Il leur fallait quelqu'un qui pourrait poser des questions stupides, toute la journée au besoin. Ils avaient une victime toute désignée : Aimé-Césaire.

— Bon, d'accord, dit Aimé-Césaire. Et qui est-ce qui va aller noter le numéro ?

— Quelqu'un qui ne se fera pas remarquer, dit Normand. Quelqu'un de petit.

Tous les regards se tournèrent alors vers Stéphane. S'il fallait quelqu'un de petit, c'est lui qui était tout désigné.

Stéphane fit oui de la tête. Il ne pensait pas être capable de parler.

Aimé-Césaire fut brillant. Le policier semblait content de parler aux jeunes. Il trouvait fascinant qu'ils soient venus du Canada et voulait savoir si l'un d'entre eux connaissait un de ses cousins qui vivait là-bas.

— À Victoria, je pense, dit-il. En tout cas, ça a quelque chose à voir avec une reine. Il est fermier. Il cultive du blé ou quelque chose du genre.

— Alors, c'est sans doute à Regina, proposa Aimé-Césaire. C'est sûrement ça. C'est en Saskatchewan.

— En tout cas…, fit le policier avant de passer à un sujet qui lui plaisait davantage : lui-même.

Il parla longuement de sa vie de policier new-yorkais, pendant que les Carcajous l'écoutaient en projetant en l'air de petites galettes de neige du bout de leurs bottes. Puis Aimé-Césaire l'amena graduellement à parler du spectacle qui allait suivre.

Aimé-Césaire l'avait complètement mis dans sa poche. Flatté, le policier se mit à pérorer de plus belle ; on aurait dit que c'était lui, le directeur de la chaîne de télévision. Il appelait les vedettes par leur prénom comme si c'étaient ses meilleurs amis. Il parlait des répétitions, des maquilleuses et de l'importance de sa propre tâche.

— Où est-ce que le réalisateur s'assoit ? demanda Aimé-Césaire.

— Eh bien, répondit le policier, ce n'est pas comme dans les films. Il n'a pas de fauteuil à son nom, il ne porte pas de béret à la française et il ne crie pas dans un porte-voix. En fait, il peut y avoir trois ou quatre réalisateurs. Ils travaillent dans le gros camion que vous voyez là-bas.

Aimé-Césaire et les autres se dévissèrent le cou pour mieux voir.

— Lequel ? demanda Aimé-Césaire.

Le policier regarda de nouveau comme pour s'en assurer lui-même.

— Le bleu. Celui qui est juste à côté de l'antenne parabolique portative.

Aimé-Césaire jeta un coup d'œil rapide à Stéphane, qui comprit immédiatement. Il devait maintenant s'éloigner dès qu'il en aurait l'occasion.

— Est-ce que votre revolver est chargé ? demanda Aimé-Césaire en pointant l'index dans la direction de l'étui ouvert que le policier portait à la ceinture.

Le policier se mit à rire.

— Bien sûr qu'il est chargé, mon garçon. Tu penses peut-être qu'on affronte les criminels avec des pistolets à eau ?

— Non, mais au Canada, dit Aimé-Césaire, les policiers doivent d'abord charger leur arme. Et ils la portent bien cachée dans un étui fermé.

— Le Canada, c'est pas New York, mon garçon, répondit le policier comme si les Carcajous ne s'en étaient pas rendu compte. S'il fallait que je sorte mon arme et que je la charge, j'aurais le temps de me faire tirer dessus mille fois avant d'être prêt.

Le policier était parti sur sa lancée. Il se mit à se vanter, tout fier d'évoquer les cas qu'il avait résolus, les vendeurs de drogue qu'il avait arrêtés et les gens importants dont il avait dû assurer la sécurité… sans se douter un seul instant qu'une bande de jeunes de douze ans étaient en train de l'embobiner avec une telle habileté qu'il allait échouer dans la seule tâche qui lui avait été assignée pour la journée : empêcher les gens de passer.

Stéphane s'éloigna doucement et se dissimula sous le camion le plus proche. Il se faufila dans un espace étroit entre un camion de maquillage et un autre qui portait les mots « MAIN FEED », en regardant constamment autour de lui pour s'assurer qu'aucun gardien de sécurité ne le voyait.

Quelqu'un avait laissé des traces profondes dans la neige. Stéphane les suivit, soucieux de ne pas laisser ses propres empreintes, plus petites.

Comme il approchait du but, il entendit un homme tousser. Quittant la piste des empreintes, il se précipita sous le camion le plus proche en roulant dans la neige.

Juste à temps ! Deux techniciens de la télévision débouchèrent derrière le camion et s'engagèrent dans l'espace étroit où Stéphane se trouvait deux secondes plus tôt.

Stéphane roula de l'autre côté du camion, revint sur ses pas et, quand les deux hommes furent partis — heureusement que l'un d'eux avait toussé ! —, il reprit la piste des empreintes et se hâta vers son but.

Un panneau, sur le flanc du véhicule bleu, lui confirma qu'il s'agissait bel et bien du camion des réalisateurs. Le policier avait raison.

En dessous, un deuxième panneau indiquait que la console de contrôle centrale se trouvait dans le camion. Il y avait aussi un numéro : 212-555-7449.

Stéphane regarda attentivement le numéro. Comment allait-il se rappeler tous ces chiffres ? Il n'avait rien pour les noter. Il ne pouvait tout de même pas les écrire dans la neige — ça ne servirait à rien ! Il devait absolument les mémoriser.

La première série de chiffres — 212 —, c'était le code régional. Même s'il l'oubliait, il pourrait facilement le retrouver.

La deuxième série était elle aussi très facile à retenir. 555. Il avait vu assez d'émissions de télé pour savoir que, dans les circonstances comme celles-là, c'était toujours le numéro qu'on donnait.

Mais 7449 ?

Facile : Stéphane Tremblay, Jean-Yves Simard et Anou Martin. Les numéros 7, 44 et 9.

Il revint sur ses pas, suivant toujours les mêmes traces laissées dans la neige et se répétant les chiffres à haute voix tout en se dirigeant vers l'endroit où le policier était en train de conclure une autre histoire de fusillade et de maffia.

Chapitre 17

— Il faut d'abord faire un essai, dit Kling.

Aimé-Césaire approuva de la tête. Il comprenait, mais les autres n'en étaient pas aussi sûrs. Dès leur retour à l'hôtel, Stéphane avait noté soigneusement les numéros tout en marmonnant « 2-1-2, 5-5-5, moi-Sim-Anou ». Aimé-Césaire l'avait regardé d'un drôle d'air, mais il avait pris le bout de papier que Stéphane lui tendait et l'avait passé à Kling.

— Comment ça, un essai ? demanda Sim en criant presque. Tu penses que je vais mouiller ma culotte à un moment pareil ?

Sans tenir compte de son intervention, les autres se mirent à installer leurs appareils. Après avoir branché l'ordinateur à la ligne téléphonique, puis le téléphone lui-même à l'aide d'une prise multiple, Aimé-Césaire et Kling tentèrent d'établir la communication.

— C'est quoi, encore, le numéro ? demanda Kling.

Aimé-Césaire plaça le bout de papier de manière à ce que Kling puisse le voir tout en tapant le numéro sur son clavier. Il y eut une pause, puis, aussitôt, une série de notes pendant que l'ordinateur composait le numéro.

Personne n'osait respirer.

Il y eut un long — trop long? — sifflement, quelques clics et dring sonores, puis plus rien.

— On y est ! lança Kling, d'une voix qui semblait hésiter entre le murmure et le gémissement.

Le logo du diffuseur apparut d'abord à l'écran, puis une petite case, vide, dans le coin de laquelle le curseur clignotait. Il ne leur restait qu'à y inscrire un mot de passe.

— C'est ça qui va être le plus difficile, dit Kling.

Aimé-Césaire étendit les mains au-dessus du clavier, les doigts dansant dans les airs.

— Qu'est-ce que ça peut-être ? Qu'est-ce que ça peut bien être ?

— Probablement le nom du réalisateur, suggéra Normand.

— Je ne pense pas, dit Kling. Ça doit être un code. Quelque chose qui ne s'oublie pas facilement.

— La date ? proposa Paul.

— Pourquoi pas ? répondit Aimé-Césaire, qui tapa immédiatement la date du jour.

Ils attendirent un moment. L'écran s'éteignit et se ralluma.

— On n'a pas le bon mot de passe, fit remarquer Aimé-Césaire. Il faut recommencer.

— Fais attention, avertit Kling. T'as probablement juste trois chances. Il y a peut-être même un système d'alarme là-dedans.

— Le nom de l'animateur ? suggéra Claude.

— Peut-être ! dit Aimé-Césaire.

Il tapa le nom de l'animateur et appuya sur la touche « ENTER ».

Encore une fois, l'image disparut et réapparut.

— C'est pas ça non plus !

— Dernière chance, marmonna Kling, qui semblait prêt à abandonner.

— Bonne année ! murmura piteusement Sim.

On aurait dit que son univers venait de s'écrouler.

Aimé-Césaire se tourna vivement vers lui.

— Quoi ? demanda Sim, qui ne comprenait pas ce qu'il lui voulait.

— Qu'est-ce que tu viens de dire ?

— Bonne année ?

— Ç'est ça ! dit Aimé-Césaire. Ça ne peut pas être autre chose ! Mais en anglais, probablement.

— Tape-le, dit Kling.

Les doigts d'Aimé-Césaire semblaient voler sur le clavier. Il enfonça la touche « ENTER » et, encore une fois, la page affichée à l'écran disparut. Cette fois-ci, cependant, elle ne réapparut pas immédiatement avec un message d'erreur. Quand l'écran se ralluma, il y avait quelque chose de différent.

« NEW YEAR'S SPECIAL »

Aimé-Césaire leva un poing victorieux.

— Tu l'as eu, Sim. T'es un génie !

— Tu viens de t'en rendre compte ? demanda Sim.

Mais il avait les joues rouges et souriait, tout étonné d'avoir deviné le mot de passe.

Des fichiers apparurent à l'écran.

— Qu'est-ce que c'est ? demanda Normand.

— Tout doit être là-dedans, dit Kling. Même les pauses publicitaires. Tout ce qui ne sera pas diffusé en direct est là, dans des fichiers enregistrés, et il suffit d'un double-clic pour le faire apparaître sur l'écran géant.

— Comment est-ce que je mets mon derrière là-dedans ? demanda Sim.

Il se lamentait un peu, comme s'il était mécontent de ne plus être le centre d'attraction, puisque les héros du jour, pour le moment, c'étaient Kling et Aimé-Césaire, qui avaient réussi leur travail de piratage.

— C'est simple, expliqua Kling. Il suffit d'insérer ton fichier dans la liste et de double-cliquer à l'endroit où on le veut. Il va remplacer ce qui est déjà là.

— D'ici ? demanda Sim.

— D'ici, dit Kling.

— Je montre ma lune au monde entier sans même avoir à sortir de ma chambre d'hôtel ?

— Exactement, Einstein !

— Génial, fit Sim. Génial !

C'est alors qu'ils entendirent quelqu'un cogner à la porte.

Oh, oh !

Chapitre 18

Pendant un long moment, personne n'osa bouger. Le coup sec frappé à la porte semblait se réverbérer dans toute la pièce, même s'il n'avait pas été répété.

— C'est qui ? siffla Aimé-Césaire. Va voir !

Normand, le plus grand, se glissa silencieusement jusqu'à la porte. Il se releva pour regarder précautionneusement dans l'œil magique.

Il se retourna en souriant.

— C'est Anou et Roseline.

Aimé-Césaire, qui avait déjà coupé la connexion et était en train de fermer l'ordinateur, ôta ses mains de sur le clavier et se détendit.

— Fais-les entrer, dit-il.

Anou et Roseline s'engouffrèrent dans la chambre, y apportant une nouvelle énergie.

— Ça sent le vestiaire de hockey ici-dedans, dit Roseline. Qu'est-ce qui te fait suer, monsieur Rolex ?

Elle enfonça un doigt dans l'estomac de Sim, qui se plia en deux comme si elle lui avait coupé le souffle.

— Qu'est-ce qui se passe ? demanda Anou. Sim va avoir son nom dans le livre des records, oui ou non ?

— On a réussi à entrer, dit Aimé-Césaire. On y est presque.

— Le monde entier va vomir ! s'écria Roseline.

— Très drôle, marmonna Sim. Très, très drôle !

— Je veux voir comment vous allez vous y prendre, dit Anou à Kling et Aimé-Césaire.

Trop heureux de lui répondre, ils expliquèrent aux deux filles tous les détails techniques et décrivirent comment, grâce à Sim, ils avaient découvert le mot de passe qui les avait menés directement jusqu'aux commandes informatiques du camion de diffusion.

— Il ne manque plus rien qu'un double-clic pour que le derrière de Sim apparaisse sur les écrans du monde entier, expliqua Kling. Il va passer à l'histoire.

— Je le croirai quand je le verrai, fit Roseline. Je ne suis même pas certaine qu'il vous a vraiment montré son derrière.

— Bien sûr que oui ! lança vivement Sim.

— Alors, prouve-le ! répliqua Roseline.

Elle avait réussi à l'embobiner. Roseline était avec les Carcajous depuis moins d'un an, mais elle faisait manger Sim dans sa main plus facilement que tous les autres et le manipulait comme une marionnette.

— Montre-leur ! ordonna Sim à Kling et Aimé-Césaire.

— Quoi ? demanda Aimé-Césaire. Le fichier ?

— Montre-le-nous, dit Roseline. Tu vas le montrer à tout le monde plus tard, de toute façon. Tu peux sûrement donner à deux gentilles jeunes femmes la primeur de la Huitième Merveille du Monde !

— Allez ! renchérit Anou. Montre-nous son derrière pour qu'on puisse le reconnaître à l'écran !

— D'accord, dit Kling.

Aimé-Césaire retourna consulter le répertoire. Il trouva le fichier baptisé « Lune » et fit un double-clic. La machine se mit à vrombir, s'arrêta puis repartit, puis se remit à vrombir de plus belle.

— C'est un gros fichier, expliqua Kling.

— C'est un gros derrière, répliqua Roseline.

L'écran vacilla, puis se remplit d'un visage d'homme.

Il portait une cagoule de ski qui lui couvrait presque entièrement le visage.

— Mais qu'est-ce… ? cria Sim.

— Mauvais fichier, dit Aimé-Césaire à Kling.

— Non, dit Kling. C'est le bon fichier. Il y a quelque chose qui cloche.

La caméra s'éloignait de l'homme masqué. Il était flanqué de deux autres hommes habillés de la même façon : long manteau sombre, gants et cagoule de ski ne laissant voir que les yeux.

Ils portaient tous deux un fusil automatique pointé directement vers la caméra.

— Gens de New York, préparez-vous à mourir !

martela lentement une voix. À minuit, on va tuer tous ceux qui seront encore dans les rues !

L'homme tourna son arme et tira à plusieurs reprises à côté de la caméra. Les coups de feu faisaient un bruit métallique dans les petits haut-parleurs de l'ordinateur portatif, mais Stéphane eut l'impression d'entendre des bombes exploser.

— Préparez-vous à mourir ! ! !

Stéphane sentit un long frisson lui parcourir le dos. Des terroristes ! Qui menaçaient de tuer tous les spectateurs présents pour les célébrations de la veille du Nouvel An à Times Square !

— C'est qui ? demanda Roseline en ricanant, comme si elle espérait que c'était une blague.

Stéphane avait sa petite idée. Il avait reconnu la voix.

CHAPITRE 19

Il n'était pas le seul à l'avoir reconnue. Dès qu'il jeta un coup d'œil à Sim et qu'il vit son visage en sueur, rouge comme une tomate, il sut que son ami aussi avait compris instantanément qui se cachait sous le passe-montagne.

Big !

Sim était profondément déçu. Pas seulement parce que le chef des terroristes se trouvait être son grand ami, mais parce que son ambitieux projet de montrer son derrière au monde entier venait de s'envoler en fumée.

Stéphane savait que son ami hésitait sur la conduite à suivre. Mais il n'avait pas vraiment le choix.

— Il faut montrer ça à quelqu'un, dit Stéphane.

Sim approuva, impuissant.

Stéphane prit la tête du petit groupe et se dirigea vers la chambre de M. Blackburn. Celui-ci appela Max lorsque les Carcajous lui eurent expliqué la situation. Aimé-Césaire leur fit ensuite jouer l'enregistrement.

M. Blackburn appela la police. Un détective vint écouter leur histoire et, encore une fois, Aimé-Césaire fit jouer l'enregistrement. Les policiers demandèrent aux Carcajous de les mener vers le dénommé Big, et Sim leur montra tristement le chemin du garage souterrain où il avait vu son grand ami pour la dernière fois.

Stéphane n'en revenait pas de la rapidité d'intervention de la police. En deux temps, trois mouvements, après avoir éloigné les Carcajous pour qu'ils soient en sécurité, ils avaient cueilli Big et ses comparses, qui allaient certainement être accusés.

— De quoi ? demanda Sim.

Le détective chargé de l'affaire le regarda comme s'il avait posé une des questions les plus stupides qu'il ait jamais entendues.

— Menaces terroristes, dit-il. Dans notre pays, c'est aussi grave qu'un meurtre.

L'un des comparses de Big avait craqué immédiatement et déballé toute l'histoire.

C'était une idée de Big. Elle lui était venue quand Sim l'avait invité à sa chambre d'hôtel pour lui parler de son grand projet. Big avait même vu le fichier contenant les images du derrière de Sim, nu devant la caméra.

Big était plus intelligent que Stéphane l'avait cru. Il avait compris que, s'il arrivait à remplacer le fichier baptisé « Lune » par un autre, dans l'ordinateur, la foule assemblée à Times Square pour le Nouvel An verrait son propre enregistrement plutôt que celui de Sim.

— Cet homme prétend qu'ils ne sont pas vraiment des terroristes, expliqua le détective. Celui qu'ils appellent Big s'est dit qu'ils pourraient seulement semer la panique dans la foule venue voir le spectacle. Tout le monde courrait se mettre à l'abri, et avec la neige qui tombe toujours, la ville serait paralysée et le centre-ville serait vide, ce qui leur permettrait de piller tout ce qu'ils voudraient, même les magasins chics de la 5e Avenue.

— Ils ont réalisé leur propre enregistrement et l'ont sauvegardé sur un CD. Il leur a fallu moins de cinq minutes pour entrer dans la chambre d'hôtel, remplacer votre fichier par le leur et lui donner le même nom. Comme ça, vous auriez ouvert leur fichier en pensant ouvrir le vôtre. C'était très ingénieux, et ça aurait pu marcher si vous n'aviez pas fait d'abord une vérification.

— Alors, c'est bien eux qui ont frappé Max ! s'écria Anou.

Le détective fit oui de la tête.

— Ils vont aussi être accusés de voies de fait, dit-il. Ils ne sont pas au bout de leurs peines, croyez-moi.

— Mais… mais… mais…, commença Sim, qu'est-ce qui est arrivé à mon fichier ?

— Il a disparu, dit le détective. Dans le cyberespace, j'imagine. Mais tu peux t'estimer chanceux, mon garçon.

— P-p-pourquoi ?

— Si tes fesses s'étaient retrouvées sur l'écran, c'est peut-être toi que j'aurais dû venir arrêter.

Sim leva le menton dans un geste de défi.

— Mais personne ne m'aurait reconnu !

Le policier souffla dans ses joues en secouant la tête.

— On aurait vérifié toutes les fesses de New York. Des fesses comme les tiennes, on n'en voit pas tous les jours, n'est-ce pas ? demanda-t-il en pointant l'index vers le derrière de Sim.

Sim, pour une fois à court d'arguments, avait le visage en feu.

Chapitre 20

La célébration à Times Square avait été magnifique. La neige avait cessé, les chasse-neige avaient dégagé les grandes artères, et le centre-ville de New York était animé de centaines de milliers de fêtards venus accueillir la nouvelle année. Dans un bruit assourdissant, le compte à rebours et les feux d'artifice avaient été spectaculaires. La retransmission s'était passée sans heurt. Pas de menace terroriste. Pas de lune…

Sim était complètement abattu. Il se promenait les mains dans les poches, le visage lugubre, comme si sa vie était finie. Quand la grosse boule était tombée, sur le coup de minuit, il avait refusé de se mêler à la foule en liesse. Il n'avait pas voulu danser, ni crier, ni même regarder le grand écran.

— C'était ma seule chance de me retrouver dans le *Livre des records Guinness,* répétait-il sans cesse, et je l'ai ratée !

— Allez, secoue-toi un peu, monsieur Rolex, lui

dit Anou. L'année vient tout juste de commencer. Tout peut arriver !

— Rien d'aussi extraordinaire, répondit Sim, découragé. C'était la meilleure idée que j'aie eue de toute ma vie. Je ne pourrai jamais faire mieux.

Anou fit pivoter son index sur sa tempe et regarda Stéphane en levant les yeux au ciel. Stéphane haussa les épaules. Sim n'était ni meilleur ni pire que d'habitude. Demain, il aurait oublié toute cette histoire et trouvé une autre « meilleure » idée.

— On ferait mieux d'aller se coucher, dit M. Blackburn derrière eux. On joue à midi demain. Au Madison Square Garden, pour le match de championnat.

— On joue contre qui ? demanda Claude.

— Les Wheels de Detroit, dit M. Blackburn. On est arrivés premiers, et ils sont juste derrière nous au classement.

— Les Wheels ? demanda Sim. C'est l'équipe contre qui j'ai marqué le but gagnant ?

M. Blackburn fronça les sourcils et regarda Sim par-dessus ses lunettes. Comment pouvait-il l'avoir oublié ? Mais Stéphane savait que son ami n'avait rien oublié du tout. Il voulait seulement rappeler son exploit à tout le monde.

Sim était de retour sur terre.

Chapitre 21

Tout avait changé. Personne ne parlait plus de parasiter une émission de télé. Sim ne radotait plus au sujet de ses fesses ou du *Livre des records Guinness*. En ce moment, il était assis, en uniforme, dans le vestiaire des visiteurs du Madison Square Garden, la tête posée sur ses protège-genoux, parfaitement concentré. Il n'avait même pas daigné regarder les photos dans le couloir. Il était là pour une chose, une seule : jouer au hockey.

— Vous savez ce que vous avez à faire, avait dit Max juste avant d'ouvrir la porte menant vers la patinoire. Faites-le !

Stéphane sourit intérieurement en attachant son casque. Pour Max, c'était presque un long discours. Pas un mot sur tout ce qu'ils avaient réussi ensemble, pas de grandes tirades sur les armées livrant des combats glorieux, pas de citations compliquées que personne ne comprenait… Juste ce bon vieux Max, qui leur disait de faire ce qu'ils avaient à faire !

Ils s'élancèrent sur la patinoire à la suite de Germain, qui fit volte-face à la ligne bleue et recula vers son filet, où il entreprit immédiatement de gratter la glace devant son but avec ses patins pour que la surface soit bien rugueuse. Il semblait totalement imperméable à ce qui l'entourait. Comment faisait-il pour ne pas remarquer les milliers de spectateurs dans les estrades ? Stéphane n'en revenait pas.

Stéphane patinait sur la glace neuve pour se réchauffer les jambes. Anou, devant lui, glissait avec son élégance habituelle en prenant son tour derrière le filet. Sim frappait sur les jambières de Germain comme si elles avaient été une horrible bête à abattre avant que le match puisse commencer. Tout était en place pour les Carcajous. Stéphane avait même frappé la barre horizontale pendant la période d'échauffement. Il se sentait parfaitement bien. Il savait que le match qui allait commencer, et qui devait sceller l'issue du tournoi international pee-wee serait exceptionnel.

Bien des spectateurs étaient là par simple curiosité. La tempête de neige était finie, et les rues du centre-ville revenaient lentement à la normale, mais New York ressemblait toujours à une ville assiégée. Il n'y avait pas grand-chose à faire, sauf se promener, faire du ski dans le parc ou trouver une activité comme un tournoi de hockey mineur. Le Madison Square Garden avait ouvert ses portes au grand public et offert ses places gratuitement, ce qui — en plus de la publicité qu'avaient reçue les diverses équipes pendant la tempête — avait attiré des milliers de personnes au match final.

Max avait raison. Il n'y avait rien de particulier à dire sur les Wheels. Ils étaient plus gros et paraissaient plus âgés que les Carcajous, et ils avaient d'excellents marqueurs. Les deux équipes étaient à peu près de force égale, la rapidité et le jeu d'équipe des Carcajous compensant la force supérieure et les tirs plus solides des Wheels. Elles s'étaient déjà affrontées en prolongation, et la première à marquer— celle des Carcajous — avait été proclamée gagnante. La finale s'annonçait excitante.

Le trio d'Anou fut le premier sur la glace, avec Sim et Aimé-Césaire à la défense. Anou remporta facilement la mise au jeu et envoya Dimitri à l'aile, tellement vite que le défenseur adverse, plus lent, fut complètement pris au dépourvu ; le défenseur sur les talons, Dimitri accéléra et décocha un tir frappé qui rebondit sur le poteau et alla cogner la vitre protectrice.

Il s'en était fallu de quelques centimètres pour que la marque soit déjà de 1 à 0 pour les Carcajous. La rondelle rebondit sur la vitre, passa par-dessus le bâton de Sim, impuissant, et les Wheels s'élancèrent à deux contre un vers le but des Carcajous, avec Aimé-Césaire comme seul obstacle.

Stéphane savait ce qu'il avait à faire. Anou et Dimitri étaient tous les deux piégés en zone offensive.

Il était derrière le jeu, mais il avait un bon angle par rapport au porteur de la rondelle et il était plus rapide. Il se donna un tel élan qu'il sentit ses poumons brûler sous l'effort. Plié en deux vers la glace, il forçait ses chevilles à chaque pas pour prendre le plus de vitesse possible.

Les deux joueurs des Wheels avaient dépassé la ligne bleue, Aimé-Césaire entre eux. Stéphane capta le regard que le porteur de la rondelle lança à son partenaire.

Il fit le pari qu'ils allaient se faire une passe.

Dans un dernier élan, Stéphane bondit dans les airs et atterrit à plat ventre sur la glace, son bâton étendu devant lui à bout de bras.

La passe arrivait déjà, solide et parfaitement alignée sur la lame du bâton du deuxième joueur des Wheels, qui prit son élan pour exécuter un tir sur réception.

Stéphane s'étira autant qu'il put, à tel point qu'il eut l'impression que son bras se disloquait. Il sentit la rondelle frapper légèrement le bout de son bâton, puis entendit le sifflet au moment où la rondelle s'envolait dans les airs, par-dessus la vitre de protection. Il poursuivit sa glissade, traversa le cercle du gardien et alla s'écraser sur la bande.

Les autres Carcajous présents sur la glace s'élancèrent vers lui comme s'il avait marqué.

— Beau jeu, Stef ! cria Anou.

— Tu leur as volé un but ! ajouta Aimé-Césaire.

Sim ne dit rien. Mais quand Stéphane se redressa sur les genoux, il sentit un petit coup rapide sur l'arrière de sa culotte de hockey. Son vieux copain le remerciait.

Le match se poursuivit en alternance d'un côté et de l'autre de la patinoire, avec des attaques magnifiques et des jeux défensifs encore plus spectaculaires. Roseline bloqua une rondelle décochée de l'enclave, qui aurait certainement pénétré dans le but si elle ne s'était pas précipitée pour l'intercepter. Sim réussit à briser toutes les échappées de l'adversaire. Normand neutralisa complètement le meilleur centre de Detroit. Germain fut brillant, multipliant les arrêts du gant et des jambières, se mettant en position papillon pour empêcher un adversaire de le feinter en venant de l'arrière du but. Il arrêta même un solide tir de la pointe, qui lui arriva en plein visage avec une telle force qu'il en perdit son masque.

À l'autre bout de la patinoire, Stéphane frappa la barre horizontale. Mais, dans les circonstances, cela ne le fit pas sourire. Le gardien des Wheels arrêta Dimitri en échappée et bloqua un puissant tir de Jean-Louis.

— Ça s'en vient, dit Max à la première pause. Ça s'en vient.

Les deux équipes marquèrent dès le début de la deuxième période, les Wheels grâce à un tir chanceux qui rebondit sur le patin de Jean-Louis, et les Carcajous grâce à Mario, spécialiste des rebonds, après que

Sim eut envoyé dans la zone du but un tir solide repoussé par le gardien.

Anou marqua à son tour au terme d'une belle phase de jeu, au cours de laquelle elle avait fait glisser la rondelle entre les deux pieds d'un défenseur de Detroit et attiré le gardien hors de son but. Les Wheels ripostèrent par une échappée, Aimé-Césaire ayant laissé son adversaire le dépasser à l'aile. Claude réussit ensuite un tir solide du haut du cercle de mise au jeu, après quoi les Wheels profitèrent d'une attaque massive pour égaliser pendant que Normand purgeait une pénalité pour accrochage.

Les deux équipes avaient donc marqué trois buts chacune, et il restait une période à jouer.

On inonda la glace entre la deuxième et la troisième période, et les Carcajous allèrent attendre dans le vestiaire. Sim se mit sur la tête une serviette qui lui dissimulait entièrement le visage. Il était toujours parfaitement concentré.

Stéphane était bien content que son ami n'ait pas remarqué l'équipe de télévision qui circulait dans la foule et filmait ce qui se passait sur la glace. Il savait que, si Sim voyait une caméra, il ne serait plus le joueur dont ils avaient désespérément besoin pour remporter ce match.

Max et M. Blackburn entrèrent dans la pièce. Max tenait une feuille de papier à deux mains et la fixait comme s'il n'arrivait pas à croire ce qu'il y lisait.

— Ils ont changé les règles pour le match de

championnat, annonça-t-il. Cinq minutes de prolongation si la marque est encore égale à la fin de la troisième. Après ça, une fusillade si personne n'a marqué. Vous savez ce que j'en pense...

Max détestait les fusillades. Il disait toujours que le hockey était un sport d'équipe, pas une exhibition de talents individuels. Mais il faut dire qu'il n'aimait pas non plus l'idée du frappeur désigné au baseball. Les Carcajous, de leur côté, adoraient les fusillades et la gloire qui auréolait immanquablement la réussite d'un but spectaculaire.

Vers la fin de la troisième période, les craintes de Max semblèrent sur le point de se réaliser. Les Carcajous avaient marqué grâce à un tir chanceux de Simon-Pierre Audette, mais les Wheels avaient égalisé pendant une autre attaque à cinq.

Stéphane sentait le rythme ralentir. Il devait admettre que Max n'avait pas tout à fait tort. Quand les joueurs savaient qu'il pourrait y avoir une fusillade, ils avaient tendance à se comporter en conséquence, comptant sur les meilleurs d'entre eux pour marquer quand personne ne pourrait leur faire obstacle.

Stéphane n'avait jamais été marqué d'aussi près. On aurait dit que l'autre joueur était avec lui dans son chandail, le tirant par-ci et le poussant par-là. Chaque fois qu'il cherchait à s'échapper, il sentait un bras lui barrer la poitrine, un bâton lui agripper le coude ou un patin lui accrocher les jambes.

C'était la même chose pour tout le monde. Anou était incapable de trouver l'espace dont elle avait besoin pour construire des stratégies, et Dimitri, pour profiter de sa vitesse.

Les Wheels multipliaient les mises en échec, mais quand ils maîtrisaient la rondelle, ils ne faisaient aucun effort pour la transporter vers le but adverse. Ils s'en débarrassaient en l'envoyant au fond de la zone des Carcajous, forçant Germain à quitter son filet pour la récupérer, puis filaient vers le banc pour changer de trio plutôt que de se lancer à la poursuite de la rondelle et d'essayer de marquer.

Ils en étaient aux dernières minutes d'un championnat, et Stéphane n'avait jamais vu de match disputé de façon aussi méthodique, aussi prévisible. Max avait bien raison de détester les fusillades.

La sirène sonna la fin de la troisième période réglementaire, et les joueurs se rassemblèrent sur le banc. Sim ouvrit une bouteille d'eau d'une chiquenaude, et se la vida entièrement sur la nuque. Ils étaient épuisés, et ils en avaient encore pour cinq minutes de prolongation — à moins qu'une équipe marque avant la fin. La patinoire ne serait pas nettoyée. Ils devaient continuer à jouer sur la même surface de glace, rayée et enneigée, ce qui était nettement à l'avantage de l'équipe de Detroit, plus lourde et plus lente.

— Essayez de finir ça le plus tôt possible, dit Max au trio d'Anou. Je ne veux pas de fusillade.

Anou remporta la mise au jeu, mais le centre de Detroit faillit la jeter par terre lorsqu'elle chercha à s'emparer de la rondelle libre. Stéphane se débattait de son côté avec l'autre ailier et n'eut pas non plus l'occasion de la saisir. Anou tenta de se dégager, mais elle fut projetée dans les airs et alla glisser jusqu'à la bande.

Quand elle se retourna, Stéphane vit tout de suite qu'elle n'était vraiment pas de bonne humeur. Ses yeux mitraillaient l'arbitre, qui se trouvait pourtant juste à côté quand le gros joueur de Detroit l'avait chargée, mais qui se comportait comme s'il ne s'était absolument rien passé.

Si Max détestait les fusillades, Stéphane, lui, détestait les arbitres qui traitaient la troisième période et la prolongation différemment des autres parties d'un match.

— Je peux pas bouger ! lui dit Anou tandis qu'ils regagnaient tous deux le banc.

— Je sais, répondit Stéphane. C'est ridicule !

Une fois assis, Stéphane sentit un petit coup de bâton sur le côté de sa jambière. C'était Sim, qui se penchait vers lui de l'autre bout du banc.

— Si j'ai une occasion, fit-il, le visage en sueur et rouge comme une tomate, je fonce vers le filet. Tu me couvriras.

Stéphane lui répondit par un signe de tête.

Quand son tour revint, Anou essaya une nouvelle tactique. Plutôt que de s'élancer vers la rondelle comme d'habitude, elle s'en désintéressa complètement et s'attaqua plutôt au gros joueur de centre de Detroit, qu'elle faillit faire culbuter à son tour en se servant de toute sa force pour l'éloigner de la rondelle.

Retenant le joueur de centre avec son dos, Anou lança la rondelle avec son patin vers Stéphane, qui se pencha sous l'adversaire qui le marquait pour la ramasser et l'envoyer le long de la bande.

Enfin, un peu d'espace !

Stéphane se retourna, s'empara de la rondelle et se dirigea vers l'arrière du filet des Carcajous. Devant l'ailier adverse qui arrivait à toute vitesse, il fit mine de passer par la bande et laissa tout simplement la rondelle derrière le filet, avançant l'épaule vers son adversaire et l'envoyant valser, en déséquilibre, devant le but.

Sim était là pour ramasser la rondelle libre. Il tricota derrière le filet, cherchant un coéquipier démarqué à qui passer la rondelle.

Anou traversa la patinoire vers la zone du centre. Deux joueurs des Wheels la suivirent en l'accrochant.

Sim continua son petit jeu et, quand l'ailier adverse fonça vers lui, il fit rebondir la rondelle sur le filet de manière à ce qu'elle revienne exactement vers lui après le passage de l'ailier.

Le côté gauche était grand ouvert. Sim en profita. Il s'avança rapidement vers la zone offensive. Stéphane repoussa le joueur le plus proche de lui pour donner plus d'espace à son défenseur, et Anou — pourtant le membre le plus « propre » de l'équipe

— se servit de son bâton pour retenir le gros centre de Detroit.

Sim était maintenant dans la zone des Wheels. Stéphane se rappela qu'il lui avait demandé de le couvrir et recula à la place de Sim pour assurer la défense en cas de revirement.

Sim fit semblant de faire une passe à Dimitri et conserva la rondelle. Il n'y avait pas de place pour tirer au but. Il resta donc le long de la bande et s'arrêta brusquement lorsqu'un des défenseurs de Detroit tenta de le heurter durement de l'épaule. Mais le défenseur manqua son coup, s'écrasa contre la bande et tomba sur la glace.

Sim cherchait toujours à faire une passe. Anou était bloquée par le gros joueur de centre. Dimitri était collé à la bande, loin du jeu, retenu par un adversaire. Stéphane était derrière, juste au-delà de la ligne bleue, prêt à empêcher une échappée vers le but des Carcajous. Sim ne pouvait donc pas lui faire une passe qui risquait d'être hors jeu. Aimé-Césaire était de l'autre côté, mais une passe à travers la patinoire était beaucoup trop dangereuse.

Sim retourna derrière le filet des Wheels, tricotant avec la rondelle tout en essayant d'évaluer la situation.

Partout où il regardait, les Carcajous étaient incapables d'agir. Mais lui, il était libre. Le joueur adverse qui s'était écrasé contre la bande était encore en train de ramasser son bâton, malhabile à cause de ses gros gants.

Stéphane n'en croyait pas ses yeux. Il eut l'impression de voir le jeu se dérouler devant lui avant même que Sim ramène la rondelle à lui pour la faire rebondir sur la lame de son bâton.

Non, il n'oserait pas !…

Mais si, il osait. La rondelle bien à plat sur la lame de son bâton, Sim l'envoya doucement dans les airs, lobant le haut du filet comme une balle de golf s'élevant d'une fosse de sable.

Toujours libre de ses mouvements, Sim contourna le filet d'un vif mouvement de jambes et se retrouva devant le but juste au moment où la rondelle atterrissait, bien à plat, dans l'enclave. Il était encore seul, le joueur adverse qui venait de récupérer son bâton ayant à peine eu le temps de plonger dans l'espoir de bloquer le tir.

Trop tard ! Sim visa le coin supérieur du filet. La rondelle passa par-dessus le gant du gardien, et frappa la bouteille d'eau tellement fort qu'elle s'envola jusqu'à la vitre de protection et éclata en une gerbe d'éclaboussures, juste devant le juge de buts.

La lumière rouge s'alluma.

Les Carcajous avaient marqué les premiers en prolongation ! Ils avaient gagné !

Et Sim avait enfin réussi son but à la Pavel Bure…

CHAPITRE 22

Stéphane ne savait pas exactement à quel moment Sim avait remarqué la présence des caméras. Celui-ci avait certainement vu l'équipe de tournage courir sur la patinoire pour filmer les Carcajous en train de se précipiter sur lui, et selon Stéphane il avait dû les apercevoir avant ; autrement, pourquoi aurait-il essayé cette manœuvre abracadabrante ? De toute façon, il s'en fichait pas mal. Ça avait marché ! Sim avait marqué son but à la Pavel Bure… et les Carcajous avaient gagné le championnat.

Sim joua les modestes quand la caméra fit un gros plan sur lui et que les reporters commencèrent à le bombarder de questions. Il affirma qu'il avait eu de la chance et louangea ses coéquipiers, mais Stéphane ne crut pas un mot de ce qu'il disait. Sim était en pleine gloire.

— Letterman va peut-être téléphoner, lança Roseline, sarcastique, aux autres Carcajous qui le regardaient tous ensemble répondre aux questions.

— Mais pas le *Guinness,* ajouta Anou en ricanant.

Elle avait raison, quoique… Sim n'avait peut-être pas réussi à montrer ses fesses au monde entier, mais il n'en était pas moins devenu une vedette.

Après avoir accepté le trophée au nom de l'équipe gagnante et reçu sa médaille comme tous les joueurs des deux équipes, Stéphane vit les gens de la télévision discuter avec les organisateurs. Puis, comme il se disait que le moment était venu de prendre le trophée et de le soulever au-dessus de sa tête pour le « tour de la victoire » dans le Madison Square Garden, les organisateurs — l'entraîneur des Wheels sur les talons — se dirigèrent à la hâte vers Max.

Ils échangèrent quelques mots. Max ne semblait pas enchanté, mais il finit par faire un bref signe de tête, revint vers les Carcajous et les réunit autour de lui.

— Apparemment, on a une chance de passer aux nouvelles du réseau, fit-il, guère impressionné. Mais les gens de la télé veulent absolument une fusillade. Vous êtes prêts à le faire ?

Il était clair, à voir l'expression de Max, que lui-même n'en avait aucune envie. Mais, fidèle à lui-même, il refusait d'imposer son opinion aux autres. Il laissait le choix à ses joueurs.

— Mets-en ! répondit Sim, encore resplendissant de son moment de gloire.

Il n'en aurait jamais assez…

— Certainement, confirma Normand.

— Pourquoi pas ? acquiesça Roseline.

Max fit à nouveau un bref de signe de tête.

— D'accord, alors, dit-il. Je vais les avertir.

Les organisateurs semblaient ravis. Ils chassèrent immédiatement tous les gens qui s'étaient agglutinés sur la patinoire, à l'exception de deux cameramen — un à côté de chaque zone de tir. Germain et le gardien des Wheels se mirent en place.

Les joueurs retournèrent tous à leur banc pendant que les entraîneurs dressaient leurs listes.

Anou tirerait la première pour les Carcajous.

Stéphane le deuxième.

Sim le troisième.

Max leur lut sa liste jusqu'au bout. Stéphane était tout excité. Il sentait son cœur battre la chamade. Si seulement il pouvait marquer…

Anou marqua facilement, sur un beau tir du revers. Devant le gardien qui cherchait à harponner la rondelle du bout de son bâton, elle la laissa tout simplement glisser dans le filet.

Le gros joueur de centre de Detroit marqua à son tour d'un solide tir frappé qui passa entre les jambières de Germain.

Les Carcajous étaient encore en train de féliciter Anou quand Stéphane remarqua qu'il se passait quelque chose d'inusité à l'autre bout du banc.

Roseline, dont le nom était bien loin sur la liste,

avait enlevé son casque et ses gants, et était en train de fouiller discrètement dans la trousse de premiers soins que M. Blackburn portait à la ceinture.

Elle en sortit les ciseaux.

Max tapa sur l'épaule de Stéphane.

— C'est ton tour.

Stéphane fut applaudi à son entrée sur la patinoire, en tant que capitaine de l'équipe victorieuse. Il était ravi. Si seulement la patinoire avait été nettoyée, il aurait pu sentir la glace crisser joyeusement sous ses patins.

Il ramassa la rondelle. Il aurait préféré qu'il n'y ait pas toute cette grosse neige sur la glace. Il avait peur de perdre la rondelle et était incapable de la manier rapidement. Il se sentait tour à tour les jambes molles, puis lourdes comme du plomb.

Il s'avança vers le but, feinta et tira du revers aussi fort et aussi haut qu'il put.

Bing ! La rondelle rebondit sur la barre horizontale.

Stéphane entendit la foule gémir. Il frappa la glace de son bâton, mais en réalité, il n'était pas vraiment déçu. Ce n'était qu'une fusillade pour la forme, après tout. Ça ne comptait pas. Et comme seuls le savent les joueurs de hockey, tant qu'à rater son coup, mieux valait que ce soit en atteignant la barre horizontale.

Stéphane retourna vers le banc pendant que ses camarades scandaient son nom, et Sim sauta pardessus la bande.

Roseline était assise juste derrière lui. Elle riait silencieusement, les ciseaux dans une main, le pouce levé de l'autre.

Anou, pliée en deux, riait aux larmes.

Mais que se passait-il ?

Sim, jouant toujours à la vedette, décrivit un grand cercle avant de ramasser la rondelle. Il prit tout son temps, tricotant savamment.

Il franchit la ligne bleue, les deux caméras braquées sur lui. Tout le monde le reconnaissait — c'était le garçon qui avait marqué le but spectaculaire et fait gagner son équipe en prolongation —, et il était évident que, si quelqu'un avait des chances de se retrouver aux nouvelles nationales, c'était bien Sim.

Mais… Quelque chose clochait avec la culotte de Sim ! Elle semblait nettement trop basse !

Sim tenta de faire un petit pas de côté, et sa culotte de hockey tomba sur ses patins.

Il trébucha et glissa sur la patinoire, complètement impuissant.

Stéphane entendit deux énormes éclats de rire à l'autre bout du banc. Anou et Roseline se tapaient dans la main l'une de l'autre, et Roseline agitait furieusement les ciseaux dans les airs.

Elle avait coupé les bretelles de Sim !

Sim était toujours à terre, la culotte autour des chevilles. Les deux cameramen firent un gros plan sur le héros de la période de prolongation.

Il allait passer à la télévision nationale, finalement.

Et seul un boxer-short mouillé de sueur l'avait empêché d'établir un nouveau record en montrant sa lune au monde entier…

Dans la série « Les Carcajous »

Mystère à Lake Placid

Le Vol de la coupe Stanley

La Baie de tous les dangers

Terreur au camp de hockey

L'Homme à la dent d'or

Complot sous le soleil

Une dangereuse patinoire

Cauchemar à Nagano

Compte à rebours à Times Square

MISE EN PAGES ET TYPOGRAPHIE :
LES ÉDITIONS DU BORÉAL

ACHEVÉ D'IMPRIMER EN MARS 2005
SUR LES PRESSES DE L'IMPRIMERIE MÉTROLITHO
À SHERBROOKE (QUÉBEC).

transcontinental